BILDBAND DES HISTORISCH BEDEUTENDSTEN PALASTES IN SPANIEN

Der königliche Alcázar von Sevilla

TEXTE: RICARD REGÀS **/ FOTOGRAFIEN:** CARLOS GIORDANO UND NICOLÁS PALMISANO

DOSDEARTE EDICIONES

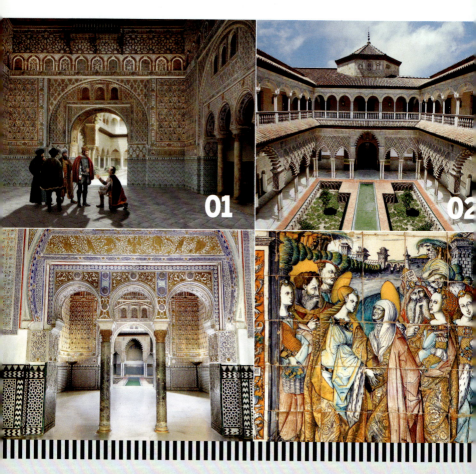

Inhaltsverzeichnis

01 DIE GESCHICHTE
SEITE 004

- Der arabische Alcázar
- Der gotische Alcázar
- Der mudejarische Alcázar
- Der Alcázar der Renaissance
- Der romantische Alcázar

02 DER KÖNIGLICHE ALCÁZAR
SEITE 018

BOTSCHAFTER-SAAL UND GIPSHOF
SEITE 026

JAGDHOF UND ADMIRALSZIMMER
SEITE 032

DER PALAST VON PETER I.
SEITE 040

DER OBERE PALAST
SEITE 078

GOTISCHER PALAST UND KREUZFÖRMIGER HOF
SEITE 082

03 DIE GÄRTEN DES KÖNIGLICHEN ALCÁZAR
SEITE 094

- Historische Gärten
- Teichgarten
- Damen-Garten
- Garten der Alcoba
- Garten des Marquis
- Garten der Dichter
- Englischer Garten
- Garten des Kreuzes

01
DIE GESCHICHTE DES ALCÁZAR VON SEVILLA

SEVILLA UND DER ALCÁZAR

Gleichsam Palast und Stadt

Tausend Jahre Kunstgeschichte prägen die Festung, die einst als strategische Enklave angelegt worden war.

Die Entwicklung der Stadt Sevilla war schon immer eng mit dem Fluss Guadalquivir verbunden. So war ihre politische und demographische Vorherrschaft lange Zeit bedingt durch ihre Lage am äußersten schiffbaren Punkt des Flusses. Aus der einstigen Stadt *Ispal*, die um 700 vor Christus von der Blüte der Stadt Tartessos profitiert hatte, wurde um 200 vor Christus das *Hispalis* der Römer. Zwei große Kaiser, Trajano und Adriano, wurden im benachbarten Italien geboren, das 711 nach Christus durch den Einzug der Araber zum moslemischen *Isbiliya* wurde. Ab dem 11. Jahrhundert verknüpfte sich das Schicksal der Stadt eng mit dem Alcázar, der Festung und dem Palast, die dazu dienen sollten, den Ort am Ufer des Guadalquivir zu schützen und den moslemischen König und Verwaltungsapparat der Hauptstadt des Taifa-Reiches unterzubringen. Seitdem haben sich Sevilla und der Königspalast in gleichem Maße mit den verschiedenen Herrschern, die dort Einzug erhielten, weiterentwickelt. Dank der Bewunderung der Palastbewohner für die Werke ihrer Vorgänger ist das Gebäude heute ein Exempel für die komplexen Bauweisen, die seit dem Kalifen von Córdoba bis heute die Relikte der unterschiedlichsten Epochen abbilden und damit Zeugnis ablegen für die großen historischen Ereignisse, die in Spanien stattfanden.

Portal am Palast von Peter I.

Der arabische Alcázar
In zwei Jahrhunderten von der Festung zum Palast

Das Kalifat von Córdoba war der Höhepunkt der arabischen Vorherrschaft auf der Halbinsel. Sein Zerfall im 11. Jahrhundert führte zur Herausbildung verschiedener sogenannter Taifenreiche. Darunter war auch die Stadt von Sevilla als Hauptstadt von Al-Andalus. Der hier entstandene Hof verlangte den Bau eines großen Palastes, den die Almohaden im 12. Jahrhundert erweiterten und ausschmückten.

Von Córdoba bis Sevilla
Im Jahr 929 brach der Emir von Córdoba, Abd al-Rahmán III, alle Beziehungen zu Bagdad ab und ernannte sich zum Kalifen. Ein Jahrhundert lang war Córdoba die Hauptstadt von Al-Andalus, während Sevilla nur eine Randposition einnahm und lediglich über eine kleine Festung verfügte, die sich wahrscheinlich an der Stelle des heutigen Alcázar befand. Der Untergang des Kalifats und die Herrschaft des Taifenreiches von Sevilla veränderte später die Beziehung der Städte.

Abd Al-Rahmán III machte Al-Andalus unabhängig.

WAS WAR AL-ANDALUS? Dies war das Territorium, das unter arabischer Herrschaft stand.

Araber auf der Halbinsel Das arabische Reich von Abd Al-Rahmáns III im 10. Jh.

ERWEITERUNG DES ALCÁZAR

11. Jh.
Der Alcázar
Der ursprüngliche Palast. Später entstanden hier das Vertragshaus und der Palast von Peter I.

Einstige Mauer

12. Jh.
Der Alcázar der Almohaden
Die Palastmauern erreichten fast schon die aktuelle Höhe.

10. - 13. JAHRHUNDERT

Al-Mutamid
Der Liebhaber der Poesie erweiterte die Macht des Taifenreiches von Sevilla auf große Teile von Al-Andalus und läutete eine Epoche kultureller Blüte ein.

Gedichtband

Der heilige Alcázar

Im Laufe des 11. Jahrhunderts konnte das Taifenreich von Sevilla an politischer und militärischer Macht gewinnen. Als Hauptstadt für ein so großes Land wurde die Erbauung eines Palastes notwendig, in dem die neue Dynastie wohnen sollte. So ließ der Taifenkönig von Sevilla, Al-Mutamid (1040-1095) bzw. sein Vater, Al-Mutadid (1000-1069), den heiligen Königspalast des Alcázar (al-qasr al-Mubarak) an einer Stelle errichten, wo sich heute das Schlafzimmer des Admirals und der Palast des Königs Peter I. befinden. Der außergewöhnlichste Raum im neuen Wohnhaus der Taifenkönige wurde der Thronsaal mit der Kuppel und den Plejaden-Zeichnungen.

Gipshof
Der im 12. Jahrhundert errichtete Hof ist ein bedeutendes Relikt der Almohaden.

>>>
Goldener Turm
Von den Almohaden um 1221 erbaut.

1147
WAR DAS JAHR in dem die Almohaden, eine Berber-Dynastie aus dem Magrheb, die Iberische Halbinsel besetzte und Sevilla zur Hauptstadt des Reiches auserkor.

>>>
Die Giralda
Das 1198 erbaute Minarett der Moschee.

Die Almohaden

Im 12. und 13. Jh. ließen die Almohaden den Alcázar ausbauen und erhöhten die Festungsmauern, so wie sie auch heute zu sehen sind. Aus dieser Zeit stammt auch die *Qubba* im Garten (die heutige Gartenlaube von Karl V.), der Gipshof und der kreuzförmige Innenhof, dessen zwei Ebenen Gewölbe schmücken, auf denen sich die weltberühmte Zisterne befindet.

 CHRONOLOGIE
WICHTIGE FAKTEN AUS DER ZEIT

712
Eroberung durch die Araber
Der jemenitische Soldat Musa ibn Nusair entreißt Sevilla den Westgoten.

1078
Ausbreitung des Taifenreiches von Sevilla
1031 zerfällt das Kalifat von Córdoba in kleine Taifenreiche.

1172
Die große Moschee von Sevilla
Erbaut an der Stelle der heutigen Kathedrale.

Der gotische Alcázar
Der Bau des Palastes von Alfons dem Weisen

Nachdem das letzte almohadische Kalifat die Stadt verlassen hatte, übernahmen Ferdinand III., der christliche König, und sein Nachfolger Alfons X. den Alcázar, der sich durch seinen architektonischen Reichtum und die vielen Zierelemente erheblich von der Schlichtheit der christlichen Bauten unterschied. Hier entstand der Wohnsitz der Könige von Kastilien und später auch der spanischen Monarchie.

Kulturelle Überlegenheit
Sowohl Ferdinand III. als auch sein Erbe Alfons X. waren sich der kulturellen Überlegenheit der Araber bewusst und zeigten großen Respekt vor deren künstlerischem Erbe. Ihre Achtung gegenüber der arabischen Kunst ging sogar so weit, dass beide entschieden, unter dem Dach des Alcázar zu sterben. Alfons X. ließ hier seine Gelehrten zusammenkommen, wie es einst der König Al-Mutamid getan hatte, und verfasste seine Schriften, die ihm den Spitznamen "der Weise" verliehen.

Alfons X., der Weise
Die militärische Herkunft des Königs von Kastilien steht im Kontrast zu dessen Gründung der Übersetzerschule in Toledo, die für die Eintracht der verschiedenen Kulturen steht.

1248
WAR DAS JAHR in dem Ferdinand III. Sevilla einnahm und die Stadt zur Hauptstadt seines Reiches machte. Der Alcázar wurde zum königlichen Palast.

Die Wiedereroberung nach Alfons X.
Die Nasriden widersetzten sich den kastilischen Truppen.

ERWEITERUNG DES ALCÁZAR

1254
Gotischer Stil
König Alfons X., der Weise, ließ innerhalb des arabischen Alcázar und auf den Ruinen des almohadischen Palastes ein Wohnhaus im gotischen Stil erbauen.

Der weise König
Obwohl Alfons X. ein Verfechter der kastilischen Sprache war, verfasste er seine Gedichte in galizisch-portugiesisch, darunter auch die Lieder der Heiligen Maria.

Der Gotische Palast. Er ist das bedeutendste Relikt von Alfons X. im Alcázar. Seine Räume sind auch bekannt als die Salons von Karl V., da die Kacheln und Wandteppiche eine Hommage an den Eroberer darstellen.

Gotische Symbolik

Trotz seiner Bewunderung für die andalusische Architektur zog es Alfons X. vor, sein Wohnhaus auf einem leerstehenden Teil des Alcázar nahe des Kreuzgangs errichten zu lassen, den die Almohaden einst erbaut hatten. Als Symbol des Triumphs des Christentums ließ der König den Palast im gotischen Stil erbauen. Zu diesem Zweck beauftragte er die Steinmetze von Burgos mit der Errichtung eines rechteckigen Gebäudes mit vier Türmen und einer nüchternen Fassade, dessen Dachterrasse als Hochburg dienen sollte. An Stelle der einstigen Zisterne im Innenhof, die er mit einem Kreuzgratgewölbe bedecken ließ, befindet sich das heutige Becken von María Padilla.

Die Eroberung von Cádiz. Mit der Eroberung im Jahr 1262 erreichen die Truppen von Alfons X. den Atlantik.

CHRONOLOGIE
WICHTIGE FAKTEN AUS DER ZEIT

1236
Eroberung von Córdoba
Ferdinand III. fiel in die Hauptstadt des andalusischen Kalifaten ein.

1239
Bau der Alhambra
Der erste König der Nasriden ließ den Alcázar von Granada erbauen.

1264
Mudejarische Revolte
Alfons X. trotzte dem Aufstand dieser moslemischen Gruppe.

Der mudejarische Alcázar
Arabische Kunst für die christlichen Monarchen

Der Bau der Alhambra im benachbarten arabischen Reich von Granada hatte große Wirkung auf den Kunstgeschmack der kastilischen Könige. Während des 14. Jahrhunderts ließen die beiden Monarchen Alfons XI und Peter I. viele maurische Handwerker an den Hof kommen, um den mudejarischen Stil - eine Kunstrichtung, die christliche und arabische Elemente miteinander vereint - wieder herzustellen.

Interne Auseinandersetzungen

Von der Herrschaft Alfons X. bis Mitte des 13. Jahrhunderts gab es eine Vielzahl an christlichen Eroberungszügen. Die Auseinandersetzungen zwischen Adeligen und Königen und die Kriege zwischen den einzelnen Königreichen ließen die kastilischen Monarchien zu Mitteln greifen, die unter anderen Umständen der Eroberung gedient hätten. So gilt der Fall von Peter I. (1334-1369) als Paradigma: Er widersetzte sich dem benachbarten Reich von Aragón und widmete sein Leben der Vereitelung von Verschwörungen - sein Beiname "der Grausame" geht auf die vielen Rivalen zurück, die er töten ließ. Hierfür bat er mehrfach um Unterstützung durch den Araber-König von Granada.

ERWEITERUNG DES ALCÁZAR

1340-1366
Königlicher Kunstgeschmack
Alfons XI. und Peter I. ließen Teile des Alcázar wie den Botschafter-Saal und den Palast im Stil der mudejarischen Kunst errichten.

Palast

Der Botschafter-Saal

Der Saal ist das erste mudejarische Werk. Alfons XI. ließ ihn 1340 erbauen, nachdem er die Schlacht von Salado gewonnen hatte.

14. JAHRHUNDERT | 013

Maria von Padilla
Die Geliebte von Peter I., der zwei Ehefrauen hatte, hatte großen Einfluss auf den Hof. Nach ihrem Tod wurde sie zur Königin ernannt.

Der Palast des Königs Peter I.

Der im Alter von 15 Jahren zum König ernannte Peter I. verbrachte seine Kindheit im Alcázar. Er wuchs in einem Umfeld auf, das von Toleranz gegenüber der arabischen und jüdischen Kultur geprägt war. 1364 rief er die besten Künstler, Schreiner und Maler zu sich - fast alle arabischer Herkunft - und ließ durch sie den Palast erbauen. So gilt sein Wohnhaus als Kompendium der islamischen Kunst der Halbinsel mit Elementen der Alhambra, dem Kalifaten von Córdoba und der jüdisch-mudejarischen Kunst Toledos. Peter I. wurde kurz nach der Fertigstellung im Jahr 1369 ermordet.

Peter I., der Grausame
Während seiner Herrschaft ließ er die Geliebte seines Vaters und sechs seiner Stiefbrüder töten. Nur einer, Enrique de Trastámara, überlebte. Er tötete den König in einem Duell und wurde damit zu seinem Nachfolger.

18 JAHRE
war Peter I. alt, als er Blanca von Bourbón heiratete. Diese verließ er schon nach zwei Tagen.

<<<
Der Jungfrauenhof
Der einstige Mittelpunkt des Palastes von Peter I.

Wappen von Kastilien und León
Die Symbole beider Königreiche unter einer Krone findet man auch am Alcázar.

Goldmünze
Die Münze der Kastilischen Krone wurde zwischen 1350 und 1365 mit dem Bild des Königs Peter I. geprägt.

Kulturelle Vielfalt. Am Portal befinden sich arabische (blau) und kastilische (schwarz) Inschriften.

 CHRONOLOGIE
WICHTIGE FAKTEN AUS DER ZEIT

1340
Schlacht von Salado
Sieg über die Benimerines - die letzten Nordafrikaner, die einen Ansturm wagten.

1348
Die schwarze Pest
Die Beulenpest löschte große Teile der Bevölkerung Europas aus und tötete auch den König Alfons XI.

1391
Angriff auf das Judenviertel
4.000 Juden wurden bei Ausschreitungen ermordet.

Der Alcázar der Renaissance
Der Palast wird zum Sitz des Handels mit Amerika

Die katholischen Könige beendeten zwei Jahrhunderte der Anarchie, der Stagnation und der Konflikte zwischen der Krone und der Dynastien von Kastilien und Aragón. Nach der Eroberung des Nasridenreiches von Granada – das letzte arabische Bollwerk auf der Halbinsel - und die finanzielle Unterstützung der Expedition von Christoph Columbus nach Amerika begann für Kastilien die Eroberung des Kontinentes.

Sevilla, Welthauptstadt

Isabell I. von Kastilien und Ferdinand II. von Aragón wählten den Alcázar in Sevilla als Wohnsitz und den Königspalast als Sitz für das Vertragshaus. Diese Organisation, die 1503 gegründet worden war, diente dazu, den Handel mit Amerika zu steuern. Das Gebäude wurde auf dem einstigen Grundstück des Heiligen Alcázar von Al-Mutamid errichtet. Hierdurch erhielt Sevilla Monopolstatus und läutete sein goldenes Zeitalter ein.

Sevilla im 16. Jahrhundert
Werk von Alonso Sánchez Coello aus dem Museum von Amerika in Madrid.

1526
WAR DAS JAHR in dem Karl V. – König Karl I. von Spanien – Isabell von Portugal im Königlichen Alcázar sein Ja-Wort gab.

Das spanische Reich nach der Übernahme Portugals

ERWEITERUNG DES ALCÁZAR

1503
Der Obere Palast
Neben der Erbauung des Vertragshauses ließen die Katholischen Könige auch tiefgreifende Reformen durchführen, um die Bewohnbarkeit des Oberen Palastes zu erhöhen.

Oberer Palast

Nao Santa María

Christoph Columbus
Am 12. Oktober 1492 betrat der aus Genua stammende Admiral zum ersten Mal den amerikanischen Boden.

15. BIS 17. JAHRHUNDERT | 015

Das Schlafzimmer des Admirals Die Fassade des früheren Vertragshauses, das die Katholischen Könige als Forschungsstätte für kartographische Studien und Sitz für den Handel mit Amerika erbauten.

Italianisierender Glanz

Im 16. Jh. erlebte Spanien unter Karl V. und Philipp II. seine Blütezeit. Mit dem aus Amerika stammenden Gold wurden prächtige Verschönerungsarbeiten im Stil der italienischen Renaissance vorgenommen: Flachbögen und ionisch-korinthische Säulen mit Verzierungen aus Marmor aus Carrara, die von Steinmetzen aus Genua hergestellt wurden. Von Philipp III. bis zum Beginn des 17. Jahrhunderts vollendete der Mailänder Architekt Vermondo Resta diese Werke und machte aus den früheren arabischen Gemüsegärten im Alcázar die manieristischen Gärten.

Spanien und Portugal Das Wappen von Spanien unter Philipp II. trägt auch die Symbole von Portugal, da das Land von 1581 bis 1640 ein Teil des Reiches war.

Philipp II., Herrscher über das erste Weltreich.

CHRONOLOGIE
WICHTIGE FAKTEN AUS DER ZEIT

1479
Dynastische Vereinigung
Isabell I. und Ferdinand II. vereinigten die Königreiche von Kastilien und Aragón.

1492
Eroberung von Granada
Die Katholischen Könige nahmen die Hauptstadt des letzten islamischen Reiches ein.

1609
Vertreibung der Morisken
1492 war die Verbannung der Juden aus Spanien beendet.

Der romantische Alcázar
Die ersten Renovierungsarbeiten im Palast

Nach eineinhalb Jahrhunderten des Zerfalls, bedingt durch den Verlust des Handelsmonopols mit Amerika (1717), erfuhr Sevilla in der zweiten Hälfte des 19. Jahrhunderts mit der Erfindung der Eisenbahn und dem Abbruch der Stadtmauern einen neuen Impuls. Der wiedererlangte Optimismus und das romantische Gedankengut des 19. Jahrhunderts führten dazu, dass man erste Reformarbeiten am Alcázar vornahm.

Restaurierungsarbeiten

Die Romantik hielt in Spanien erst spät ihren Einzug, verwurzelte sich dann jedoch fest in Sevilla. Personifiziert wird sie durch die Figur des Dichters Gustavo Adolfo Bécquer. Kennzeichnend für diese Bewegung war die Verherrlichung der Vergangenheit mit dem Ziel der Bestätigung der nationalen Identität. In der Welt der Künste begann man, historische Bauten nach Baustilen zu klassifizieren. In diesem Zusammenhang stellt der Alcázar ein wahrhaftiges Kompendium der spanischen Kunstgeschichte dar und bot sich als willkommenes Studienobjekt. So begann man 1832 mit den ersten zaghaften Versuchen, den königlichen Palast zu restaurieren.

Alfons XII.
König von 1874 bis 1885. Er war im Gegensatz zu seinen absolutistischen Vorgängern durch seine europäische Ausbildung der erste liberale Monarch Spaniens.

1902
WAR DAS JAHR in dem Alfons XIII., Nachfolger von Alfons XII., mit nur 16 Jahren König wurde.

1929
WAR DAS JAHR der erstebn ibero-amerikanischen Expo von Sevilla. Sie wurde am 9. Mai eröffnet und ging bis zum 21. Juni des Folgejahres. Sie gilt als Höhepunkt der neu erlangten Blüte der Stadt.

>>>
Englischer Garten
Prägend ist der Stil der Romantik.

ERWEITERUNG DES ALCÁZAR
20. Jahrhundert
Die Neuen Gärten
Während der Herrschaft von Alfons XIII. wurden im Nordosten des Alcázar die Neuen Gärten angelegt. Hier hatte man während der Zeit der Alhomaden Gemüse angepflanzt.

Gärten

Das Tor von Marchena
1913 ersteigerte König Alfons XIII. dieses gotische Tor aus dem Palast des Herzogs von Arcos in Marchena. Er ließ das Tor am Alcázar anbringen.

19. - 20. JAHRHUNDERT | 017

Englischer Garten. Seine Ausgestaltung steht im Gegensatz zu der Geometrie und Aufteilung der restlichen Gärten. Er wurde zu Beginn des 17. Jahrhunderts im manieristischen Stil angelegt.

Die Neuen Gärten

Die Neuen Gärten wurden im Sinne der Romantik als *Natur für den Menschen* kreiert. Sie entstanden zu Beginn des 20. Jahrhunderts in den ehemaligen arabischen Gemüsegärten. Der sogenannte Englische Garten, ein Paradigma des romantischen Gartens, erstreckt sich bis zu den Mauern im Süden und Osten. Er gilt als Hommage an die Britin Victoria Eugenia von Battenberg, die Gattin von Alfons. XIII., dem König von Spanien. Der Garten des Marquis, der sich am nördlichsten Punkt des Alcázar befindet, wurde von 1913 bis 1917 an eine andere Stelle versetzt. Der Garten der Dichter, der sich zwischen diesen beiden Gärten befindet, wurde erst 1956 angelegt.

Isabell II. Königin von Spanien von 1833 bis 1868. Sie überließ den Alcázar dem Herzog von Montpensier als Wohnhaus.

Mudejarische Kunst heute Die Elemente sieht man heute noch am Hotel Alfons XIII. (Foto) und am Bahnhof von Córdoba.

CHRONOLOGIE
WICHTIGE FAKTEN AUS DER ZEIT

1812 Liberale Verfassung Die Könige verfassten in Cádiz die erste spanische Carta Magna.

1839 Ausgrabungen Beginn der Restaurierungen der römischen Stadt nahe Sevilla nach Jahrhunderten der Plünderungen.

1898 Kuba-Krieg Während des Krieges verlor Spanien einen großen Teil seines Kolonialreiches.

02
DER KÖNIGLICHE ALCÁZAR

Der Königliche Alcázar von Sevilla

Ein Palast arabischer Herkunft mit einer langen Tradition

Aufgrund seiner arabischen Abstammung und dem Sitz als Wohnhaus der Könige während mehr als 10 Jahrhunderten bildet der Aufbau des Alcázar einen Kontrast zur kastilischen Konzeption des christlichen Palastes. Kennzeichnend für den Alcázar ist die Trennung von öffentlich und privat sowie die relativ kleinen Zimmer in Bezug auf ihre Quadratmeterzahl und ihre Raumhöhe.

Kleine Räume

Im Gegensatz zum Stil der kastilischen Paläste der romanisch-gotischen Epoche und der Renaissance, der gekennzeichnet war durch eine klare Raumaufteilung und große hohe Räume sowie eine Fassade mit zahlreichen Zierelementen, sind für den Alcázar von Sevilla die vielen Innenhöfe prägend, die sowohl öffentlichen als auch privaten Zwecken dienten. Die Räume sind eher klein geschnitten und sollten den Bewohnern ein Gefühl der Behaglichkeit vermitteln. Sie befinden sich alle auf maximal zwei Ebenen. Schmückende Elemente sind im Gegensatz zu den christlichen Bauten allein den Innenräumen vorbehalten, das Äußere wirkt nüchtern.

1254 WAR DAS JAHR in dem Alfons X. den Gotischen Palast erbauen ließ - das erste christlich geprägte Werk.

Labyrinth aus Innenhöfen und Räumen
Eine Vielzahl von Innenhöfen verschiedener Größe verbinden die Räume.

6,5 HEKTAR beträgt die Gesamtfläche des Alcázar mit seinen Gärten.

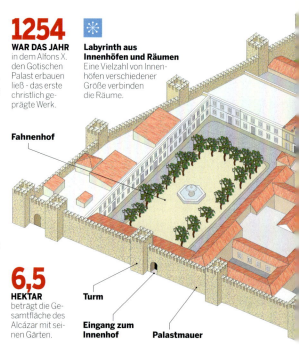

Fahnenhof · Turm · Eingang zum Innenhof · Palastmauer

Botschafter-Saal. Erbaut durch Alfons XI. gegen Mitte des 14. Jh. als erstes mudejarisches Werk.

Der Gipshof. Erbaut gegen Ende des 12. Jahrhunderts. Er gilt als bedeutendes Relikt der Almohaden.

Hof der Leibeigenen. Erbaut im 14. Jahrhundert im Zuge der Errichtung des Palastes von Peter I.

GRUNDRISS | 021

Kreuzförmiger Innenhof
Der almohadische Kreuzgang (12. Jh.) wurde von Alfons X. (13. Jh.) und nach dem Erdbeben von Lissabon (1755) von Grund auf restauriert.

Der Gotische Palast
Alfons X., der zweite christliche König im Alcázar, ließ im Inneren einen gotischen Palast errichten, der den Triumph des Christentums symbolisieren sollte.

Kuppel des Palastes

Galera-Garten

Moderne Innenhöfe

Früheres Vertragshaus

Löwenhof

Löwentor

Palast des Königs Peter I.
Der Monarch ließ sein Wohnhaus im mudejarischen Stil an der Stelle erbauen, wo einst der moslemische Palast gestanden hatte.

1364
WAR DAS JAHR in dem man den Palast von Peter I. errichtete.

Das Herz der Stadt
Obwohl das Stadtzentrum ursprünglich außerhalb der Stadtmauern lag, übte der Alcázar von Anfang an eine starke Anziehungskraft auf das öffentliche Leben von Sevilla aus. Seine Gesamtfläche entspricht 7 Hektar - etwa der Größe eines Fußballfeldes - und ist umgeben von mittelalterlichen und modernen Gebäuden wie der Kathedrale, der Lonja (die frühere Seidenbörse), der Königlichen Tabakfabrik (die heutige Universität) und dem Krankenhaus "Los Venerables".

DER KÖNIGLICHE ALCÁZAR

Die Mauern

Mächtige und nüchtern gehaltene Mauern umgeben den Alcázar und dessen dekorative Innenräume.

Tausendjährige Mauern
Die durch einen arabischen Dichter des 11. Jahrhunderts als "uneinnehmbar" bezeichneten Mauern des Alcázar wurden im Zuge der Erweiterung des Palastes durch die Taifenkönige erhöht. Aus dieser ersten Zeit stammen auch zwei Mauerabschnitte, die einen äußeren Winkel des Fahnenhofes bilden: Sie ziehen sich über den Platz des Triumphes und die Straße Joaquín Romero Murube und erreichen von dieser Ecke aus den Wasserturm neben dem Marchena-Tor, das an das heutige Viertel von Santa Cruz anschließt. Im Gegensatz zu den meisten Teilen der Mauer konnte dieser Abschnitt der tausendjährigen Mauer vor dem Abriss im Jahr 1868 bewahrt werden.

Steine aus Los Alcores
Das Baumaterial für die Errichtung der Mauer stammte aus dem benachbarten Landkreis Los Alcores. Dieser Sandstein war besonders kalkhaltig.

99
METER
misst die Mauer aus dem 11. Jh. am Platz des Triumphes und an der Calle Romero Murube.

Schmal- und Längsseiten
Die Steine wurden mit ihren unterschiedlichen Seiten angebracht.

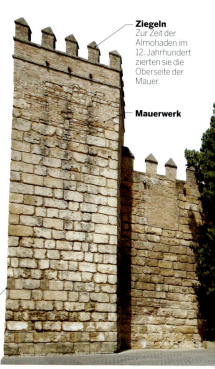

Ziegeln
Zur Zeit der Almohaden im 12. Jahrhundert zierten sie die Oberseite der Mauer.

Mauerwerk

  DATEN
DIE STADT-MAUER

Obwohl die Mauern des Alcázar und der Stadt einst voneinander getrennt waren, wurden sie im 12. Jahrhundert unter der Herrschaft der Almohaden miteinander verbunden. Vom Alcázar führte eine Mauer bis zum Guadalquivir, wobei sie den Turm von Abd Al-Aziz, den Silberturm und den Goldturm streifte.

7,3
KILOMETER
betrug die Länge der Stadtmauer von Sevilla vor deren Abriss 1868. Sie umfasste insgesamt 166 Türme und 13 Eingänge.

Goldener Turm

Umfang der Mauer
Vom 12. bis 19. Jahrhundert besaß Sevilla die beste Verteidigungsanlage Europas.

<<<
Diamantspitze
Die Verzierung in Pyramidenform findet man an vielen Festungen in Spanien und Marokko.

Säule
An einem der Türme oberhalb des Löwentores befindet sich eine Säule, die der arabischen Zeit des Alcázar entspringt.

Mauern und Türme

Um den Palast ähnlich einer Zitadelle verteidigen zu können, wurden dicke Mauern mit einer Höhe von zwei Metern errichtet, die aus drei Schichten unregelmäßig angebrachter Quadersteine bestehen. Bei den hohen und schmalen Türmen wurde abwechselnd Bruchstein und Backstein verwendet. Es ist anzunehmen, dass ein Großteil der Steine aus den Mauern und Gebäuden der römischen Epoche stammt.

- Löwentor
- Kacheln aus dem 19. Jahrhundert
- Pechnase
- Turm

Tor aus dem 11. Jahrhundert
Es führt zur Calle Joaquín Romero Murube.

Kleiner Torbogen
Dieser war der Haupteingang zum Alcázar zur Zeit der Taifenkönige.

Turm von Abd Al-Aziz
Verbindung des Verteidigungsbereichs mit dem Silberturm.

Silberturm
Dieser diente als Aussichtsturm zwischen dem Fluss und dem Alcázar.

Die Portale

Die vielen Erweiterungen des Alcázar im Laufe der Jahrhunderte führten zur Entstehung verschiedener Eingänge.

Das Löwentor

Bis zum 19. Jahrhundert wurde dieses Tor noch Jagdtor genannt, da es zum namensgleichen Innenhof führte. Nachdem es 1894 an einer anderen Stelle angebracht wurde, nannte man es aufgrund seiner Kacheln mit dem heraldischen Löwen, der mit einer Krone und einem Kreuz auf der Flagge steht, das Löwentor. Die ursprüngliche Hufeisenform ist heute ein Flachbogen, umgeben von einem Flachrelief. Nach der Erbauung des Palastes von Peter I. im 14. Jahrhundert wurde dieses Tor zum Haupteingang. Der weiß und rot getünchte Mauerabschnitt, der zu den ersten Mauern des Alcázar gehört, wurde im 11. Jahrhundert durch Al-Mutamid bzw. seine Vorfahren errichtet.

Der Löwenhof. Er befindet sich zwischen Löwentor und Jagdhof und wird am nördlichen Ende durch die Mauer des ursprünglichen Alcázar begrenzt.

 DATEN FAHNENHOF

Alles deutet darauf hin, dass der Fahnenhof im 11. Jahrhundert die Hochburg des Alcázar war. Nach der Eroberung durch die Christen feierte das sevillanische Volk hier die Zeremonien der Könige. In den umgebenden Gebäuden befanden sich einst die Wohnstätten der Funktionäre des Alcázar.

DIE PORTALE | 025

<<<
Der Löwe
Die Legende 'Ad Utrumque' ist das Fragment eines lateinischen Satzes, der "zu allem bereit" bedeutet.

1625
WAR DAS JAHR
der Erbauung des Jagdhofes - ein großflächiges Theater im Inneren des Löwenhofes.

Das Wappen
Der Historiker José Gestoso entwarf die Kachel mit dem Wappen der Könige für den Fahnenhof.

01. Das Löwentor

02. Tor zum Fahnenhof
Die Schlusssteine am inneren Bogen stammen noch aus der Epoche der Almohaden.

03 und 04. Apeadero
Werk des italienischen Architekten Vermondo Resta aus dem Jahre 1609. Die Fassade des Apeadero umfasst zwei Ebenen und gilt als Meisterwerk des sevillanischen Manierismus. Eine eiserne Krone und Kacheln mit dem Wappen von Philipp V. bilden den Abschluss der Fassade.

05. Altarbild im Apeadero
Hier wurden die Besucher empfangen.

Der Apeadero

Das Tor am Ende des Fahnenhofes führte zum Apeadero (Stellplatz für die Kutschen) und diente der Einfahrt der Kutschen. Der Mailänder Architekt Vermondo Resta entwarf den Apeadero in den Jahren 1607 bis 1609 im manieristischen Stil mit einem Grundriss in Form einer Basilika mit drei Seitenschiffen, die durch paarweise angeordnete toskanische Säulen voneinander getrennt sind. An den Decken bilden sie Flachbögen aus, die ein flaches Balkenwerk aus Holz ziert. Ein barockes Altarbild mit der Darstellung der Jungfrau im Tempel dient als Wandschmuck. Das lebendige hölzerne Gemälde stammt aus dem 17. Jh. Rechts davon befindet sich ein Gang, der zum Jagdhof führt.

Tor zu den Neuen Gärten

DER ALCÁZAR DER ALMOHADEN

Botschafter-Saal und Gipshof

Der Gipshof ist das einzige Relikt aus der Zeit der Almohaden, was die Verzierung mit diesem Baumaterial betrifft.

Die Anwesenheit der Araber auf der Iberischen Halbinsel währte acht Jahrhunderte - eine Zeitspanne, die lang genug war, um die arabische Kultur fest zu verankern. Den Emiren und Kalifen von Córdoba (8. bis 10 Jh.) und den Taifenkönigen von Sevilla (11. Jh.), die der Halbinsel Arábiga entstammten, folgte ab dem 12. Jahrhundert die Herrschaft der aus dem Magreb stammenden Berber. Eine ihrer Kasten, die Almohaden, schuf im 12. Jahrhundert ein großes Reich im Norden und Süden von Gibraltar und ließ in diesem Gebiet den einstigen und unverfälschten Islam wieder aufleben. Für Sevilla bedeutete die Vorherrschaft der Almohaden eine glanzvolle Zeit, denn die Stadt wurde Hauptstadt des europäischen Teils des Reiches und erhielt gegenüber Marrakesch, der Hauptstadt des Reiches, eine privilegierte Stellung. Dieser Glanz schlug sich in einer großen Anzahl von Bauten wie der Giralda und dem Goldturm nieder, deren Nüchternheit und geometrische Strenge als Grundzug der almohadischen Architektur gelten. Auch im Alcázar wurden entscheidende Veränderungen vorgenommen: Die Mauern wurden erweitert und der berühmte Gipshof wurde errichtet - ein meisterhaftes Beispiel für den Umgang mit diesem Material. Die königliche Residenz, die sich nördlich des ursprünglichen Alcázar befand, umfasste die Räume links des Jagdhofes. Darunter waren auch der Gipshof aus dem 12. Jahrhundert und der Botschafter-Saal mit den Zierelementen aus dem 14. Jahrhundert, die Zeugnis ablegen für die ersten mudejarischen Einflüsse im Palast. Sie entstanden zwei Jahrzehnte vor der Herrschaft von Peter I.

Abu Yaqub Yusuf
Der Anführer der Almohaden leitete den Angriff auf die Halbinsel im Jahr 1170 und ließ sich dann in Sevilla nieder, wo er im Alcázar den Gipspalast errichten ließ.

Botschafter-Saal

Das erste mudejarische Werk im Alcázar von Sevilla

1340 gewann Alfons XI. von Kastilien am Fluss Salado die Schlacht gegen die Beniremines. Diese arabische Kaste hatte die Halbinsel neu erobern wollen. Der Monarch feierte seinen Sieg in einem der almohadischen Räume des Alcázar, den mudejarische Elemente prägten. Dieser Stil war gekennzeichnet durch die Kombination von christlichen und islamischen Verzierungen.

Der erste mudejarisch geprägte Raum

Man geht davon aus, dass der Botschafter-Saal mit seiner würfelförmigen Struktur einst eine *Qubba* des almohadischen Palastes war, die Alfons XI. Mitte des 14. Jahrhunderts hatte bauen lassen. Hier zeigte sich zum ersten Mal der mudejarische Stil, der bei der Erbauung des Palastes von Peter I. vorherrschendes Element werden sollte. Aus dieser Zeit stammen auch die Stuckverzierungen aus Gips, die Stilisierungen des Akanthusblattes und die Inschriften und achteckigen Deckentäfelungen. In den Ecken des Raumes sieht man zahlreiche Ornamente, in der Mitte eine mozarabische Decke.

Der Saal
Die Mauern des Saales zwischen Löwen- und Gipshof bestehen aus zwei Reihen mudejarischer Stuckarbeiten: an den Bögen und ganz oben an der Holztäfelung.

WAS IST EINE QUBBA?
Dies ist eine Bauweise, die die Araber wahrscheinlich von der persischen Architektur übernommen hatten und deren würfelförmige Struktur eine halbrunde Kuppel krönte.

Deckentäfelung

Oberer Fries

Kanal

Mozarabisch
Ausschnitt der Decke mit der mudejarischen Täfelung.

Fachwerk
Der Fries des Raumes besteht aus Fachwerk und kleinen Blindbögen aus Gips.

81 QUADRATMETER
beträgt die etwaige Fläche des quadratischen Botschafter-Saales. Die Seiten sind neun Meter lang.

BOTSCHAFTER-SAAL | 029

Gipsarbeiten

Keramik. Ausschnitt.

Brunnen im Gipshof

Achteckige Form

1358
WAR DAS JAHR in dem Peter I., der Grausame, seinen Stiefbruder und Gegenspieler, Don Fadrique, im Botschafter-Saal töten ließ.

Wappen
Am oberen Fries befinden sich die Wappen der Königreiche von Kastilien und León. Daneben sieht man arabische Inschriften.

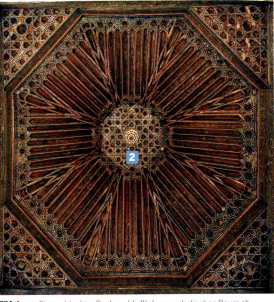

Täfelung. Eine achteckige Decke schließt den quadratischen Raum ab.

DATEN
DIE INSCHRIFTEN DES RAUMES

Die islamischen Inschriften wurden vom kastilischen König in Auftrag gegeben. Sie schmücken die Wände des Botschafter-Saales und zeigen loas a Alá und Peter I., den "Besitzer des Alcázar". Inschriften sind im Islam von besonderer Bedeutung, da die Darstellung von Menschen und Tieren untersagt ist.

Das Gericht von Peter I.
Obwohl der Botschafter-Saal erst während der Herrschaft von Alfons XI. (1331-1350) sein heutiges Aussehen erlangte, erhielt er seinen Namen durch dessen Vorfahren Peter I., den Grausamen (1350-1369), der entsprechend der Tradition der Könige die Angeklagten von seinem Thron an einer Wand des Saales aus verurteilte.

Der Gipshof

Der Gipspalast aus dem 12. Jahrhundert ist das einzige Relikt der Almohaden im Palast des Alcázar.

Verzierungen
Die gleichen spitzen Formen der Bögen des Portals setzen sich auch weiter oben an den Gittersteinen fort.

Der älteste Bereich des Palastes

Die Bezeichnung als Gipshof geht auf den meisterhaften Umgang der Almohaden mit diesem Baustoff zurück. Hiermit formten sie zahlreiche Ornamente, die den Innenhof schmücken. Der älteste Hof des Palastes hat bis heute sein ursprüngliches Aussehen bewahren können. Er ist das einzige intakte Relikt aus der Epoche der Almohaden im 12. Jh. und den 200 Jahren der islamischen Vorherrschaft. Sein originelles Aussehen geht auf das Becken in der Mitte und die Galerie an der Längsseite zurück. Der Gipshof erinnert an die Glanzzeiten Córdobas im 10. Jh., wie sie auch der Palast der Medina Azahara veranschaulicht, und die grenadische Architektur des 14. und 15. Jh., dargestellt durch die Alhambra.

Der Innenhof
Die Gipsarbeiten des Portales sind ein Beispiel für die zarten Ornamente der Almohaden, die die nasridische und mudejarische Kunst später beeinflussten.

Bogen in Hufeisenform
Die Arkadenöffnungen im Nordwesten entstammen der Zeit des Kalifates von Córdoba.

Nord-West-Flügel. Die dreifachen Arkaden entstanden noch vor der Zeit der Almohaden (10. Jh.).

Kapitell des Kalifates
Die Säulen der Süd-West-Mauer wurden mit Arkaden versehen.

Zwei Schlafstätten
Zwei Hufeisenbögen führen zu einem Saal mit Schlafstätten.

Die Kapitelle
Sie schmücken die Säulen des Portales im Stil des Kalifats, der im Córdoba des Adb Al-Rahmán III. seinen Anfang nahm.

❓ WAS IST EINE SEBQA?
Dies ist eine Art von Gipsverzierung almohadischen Ursprungs, bei der sich geometrische und naturalistische Formen abwechseln.

170
QUADRATMETER
umfassen Innenhof und Galerie.

Galerie mit Bogengang

Das Portal im Südosten, das einzige Relikt der almohadischen Gipskunst, setzt sich aus drei Modulen zusammen: Der mittlere Bereich wird durch zwei Backsteinsäulen mit quadratischem Durchmesser gehalten, die wiederum einen Zierbogen stützen, den Ornamente im Stil der *Sebqa* schmücken. Die zwei seitlichen Module sind identisch und umfassen drei Spitzbögen, deren obere Fassaden ebenso Elemente der *Sebqa* aufweisen.

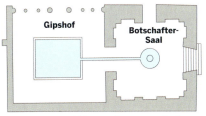

Wasser. Der Kanal führt vom Brunnen zum Pavillon.

'Sebqa'. Ausschnitt aus den Gipsarbeiten der almohadischen Künstler an einer Seite des Portals.

Stuck. Ausschnitt aus der Verzierung des Bogens, der den Gipshof mit dem Botschafter-Saal verbindet.

Becken. Das von Zypressen umgebene Becken befindet sich in der Mitte des Innenhofes.

DER KÖNIGLICHE ALCÁZAR

DAS VERTRAGSHAUS

Der Jagdhof und das Admiralszimmer

Während zwei Jahrhunderten wurde das spanische Reich von diesen zum Jagdhof gelegenen Räumen des Alcázar regiert.

Gleichzeitig mit der Erbauung des Palastes von Peter I., die von 1364 bis 1366 dauerte, wurde innerhalb der Mauern des Alcázar ein weiträumiger Innenhof an der Stelle errichtet, wo sich früher ein Teil der Residenz der Taifenkönige befunden hatte. Dieser trapezförmige Platz, dessen Portal im mudejarischen Stil das vorherrschende Element ist, verwandelte sich bald in das Zentrum des Adels, der sich dort nach der Jagd traf. Vor diesem Hintergrund entstand auch die Bezeichnung. Zu Beginn des 16. Jahrhunderts und mit der Gründung des Vertragshauses durch die Katholischen Könige erhielt der Innenhof dann seine wahre Bestimmung und wurde zum Dreh- und Angelpunkt des Alcázar - zu einem Ort, um den herum sich der größte Teil der Räume ansiedelte. Das Vertragshaus, das ab 1503 den westlichen Teil des Innenhofes belegte, wurde zu dem Zweck gegründet, den Handel mit Amerika zu steuern, dessen Kolonialisierung elf Jahre zuvor begonnen hatte. So wurde dieser Bereich zwei Jahrhunderte lang das logistische Zentrum des ersten Weltreiches in der Geschichte der Menschheit. Denn von hier aus bewerkstelligte man die große Herausforderung, die im sevillanischen Hafen eintreffenden amerikanischen Waren zu kontrollieren und entsprechende Gesetze zu erstellen, die die Handelsbeziehungen zu Amerika regeln sollten. Weitere Aufgaben des Vertragshauses waren die Auswahl der Kapitäne, die die Schiffe über den Ozean steuerten und die Ausbildung von Kartographen wie z.B. Américo Vespucio oder Juan de la Cosa, die die Koordinaten für die Schifffahrt bekannt gaben.

Isabell, die Katholische
Ihre visionären Fähigkeiten hatten Columbus bei seiner Reise begleitet und führten im 16. Jahrhundert zur Gründung des Weltreiches durch die kastilische Krone.

Jagdhof

Der Dreh- und Angelpunkt des Alcázar

Aufgrund der Vorliebe der Araber für das Atrium - ein Hof, der den Eingangsbereich zu den römischen Häusern darstellte - verfügt der Alcázar über mehr als zehn Innenhöfe, die im Laufe der Jahre immer wieder erweitert wurden. Der Jagdhof, der zur Zeit der Christen erbaut wurde, hat hierbei zentrale Bedeutung, da man von ihm aus alle wichtigen Räume erreicht.

Vier Seitenflügel
Der Jagdhof mit seiner Trapezform, der von der mudejarischen Fassade des Palastes von Peter I. beherrscht wird, führt zu allen bedeutenden Räumen des Komplexes: zum Löwenhof im Westen, der den Ein- und Ausgang aus dem Gebäude darstellt; zum Palast von Peter I. im Osten, der bis zum 14. Jahrhundert die königliche Residenz war; zum kreuzförmigen Innenhof im Norden, welcher dann weiter zum Gotischen Palast führt und zu den Zimmern des Admirals im Süden, wo sich vom 14. bis zum 18. Jh. das Vertragshaus befand.

Restaurierung. Der schlechte Zustand des Bodens führte zu dessen Austausch im Jahr 1998.

5 Brunnen
An einem Ende des Innenhofes befindet sich ein kleines Becken.

Zugang zum kreuzförmigen Innenhof

Steinboden
Der Bodenbelag ist aus Kalk- und Backstein.

Zugang zum Löwenhof

6 Almohadische Mauer
Die Mauer mit den drei Bögen aus der Zeit der Araber konnte ihr ursprüngliches Aussehen bewahren.

**DATEN
HERALDISCHE WAPPEN**

Am mittleren Bogen der almohadischen Mauer sieht man noch Überbleibsel der mudejarischen Verzierung.

JAGDHOF | 035

Mudejarisch. Die Fassade des Palastes von Peter I.

Renaissance-Stil. Fassade des Vertragshauses.

Der Südflügel

Es ist erstaunlich, dass sich das monumentalste Element des Innenhofes – die Fassade des Palastes von Peter I. – eine Ebene tiefer befindet. Im 16. Jh. versuchte man, die drei übrigen Fassaden im Stil der Renaissance zu vereinheitlichen. Jedoch wurde nur die Südseite erneuert – die Fassade des Vertragshauses. 1588 entstanden so zwei Ebenen aus backsteinernen Rundbögen: toskanische Kapitelle im unteren Bereich und ionische Kapitelle auf der oberen Ebene. Erst im 18. Jh. passte man die gegenüberliegende Fassade an.

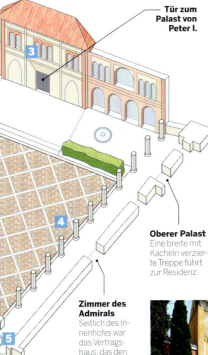

Tür zum Palast von Peter I.

1300 QUADRATMETER beträgt die etwaige Fläche des Jagdhofes.

1998 WAR DAS JAHR in dem man mit der Erneuerung des Bodens begann.

2×2 METER misst jedes Modul des schachbrettartigen Bodenbelags im Innenhof.

Oberer Palast Eine breite mit Kacheln verzierte Treppe führt zur Residenz.

Zimmer des Admirals Seitlich des Innenhofes war das Vertragshaus, das den Handel steuerte.

Portal des Palastes. Am Eingang zur königlichen Residenz befinden sich zwei marmorne Brunnen.

18. Jahrhundert. 1755 passte man den Stil der Nordfassade der Südfassade an: backsteinerne Rundbögen auf Marmorsäulen mit toskanischen und ionischen Kapitellen, diesmal jedoch ohne Galerie.

Zimmer des Admirals

Unter dieser Bezeichnung versteht man die Räume, die ab dem Jahr 1503 das Vertragshaus darstellten.

Américo Vespucio
Der Kapitän aus Florenz, der dem amerikanischen Kontinent seinen Namen gab, leitete das Vertragshaus.

16. und 17. Jahrhundert

Das Zimmer des Admirals befand sich im Süden des Jagdhofes und gehörte ursprünglich zum Heiligen Königlichen Palast, den der Taifenkönig von Sevilla, Al-Mutamid, im 11. Jahrhundert hatte errichten lassen. Dieser Bereich bestand aus drei Räumen, die im 16. und 17. Jh. durch die Katholischen Könige umgebaut wurden: das Zimmer des Admirals und das Fächerzimmer - beide rechteckig - sowie die Kapelle in ihrer quadratischen Form, in der heutzutage Ausstellungen stattfinden.

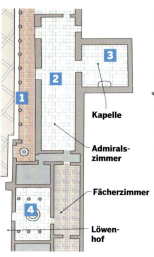

Kapelle

Admiralszimmer

Fächerzimmer

Löwenhof

Die Jungfrau und die Seefahrer
Bild mit Maria und den Seefahrern.

Galerie mit Portalen
Das Zimmer des Admirals erreichte man über den Jagdhof. Besonders schön ist die Galerie im Stil der Renaissance, die 1588 erbaut wurde.

DATEN
COLUMBUS UND DAS VERTRAGSHAUS

Christoph Columbus unternahm von 1492 bis 1504 vier Reisen nach Amerika. Nach der zweiten Reise im Jahr 1496 empfing ihn die Königin Isabell I. in den Zimmern des Admirals, wo sieben Jahre später dann das Vertragshaus gegründet wurde.

Zimmer des Admirals

ZIMMER DES ADMIRALS | 037

1503
WAR DAS JAHR in dem die Katholischen Könige im Palast des Alcázar das Vertragshaus gründeten.

Die Wappen
Die Wände schmücken Wandteppiche mit den Wappen der Admiräle von Kastilien. Darunter auch jenes von Columbus.

Columbus
Der Kreuzfahrer unterhalb der Jungfrau trägt einen weißen Bart.

Das Zimmer der Soldaten führt zum Löwenhof

90
QUADRATMETER beträgt in etwa die Fläche der Kapelle bzw. des Ordensraumes.

San Telmo
Ein Seitenflügel des Altarbildes ist dem Schutzherrn der Seefahrer gewidmet.

Der Kapitelsaal

In dem quadratisch angelegten Kapitelsaal fanden einst die Treffen der Seefahrer und Geographen des Vertragshauses statt. Die Deckentäfelung stammt aus dem 16. Jahrhundert. Vorherrschendes Element des Raumes ist jedoch das Altarbild mit der Jungfrau und den Seefahrern - eines der ersten Heiligenbilder, das im Zusammenhang mit der Entdeckung Amerikas entstand. Zu sehen sind außerdem auch Darstellungen verschiedener Bootstypen der spanischen Flotte. Das Altarbild wurde im Jahr 1535 von dem sevillanischen Künstler Alejo Fernández gemalt.

Kapelle oder Kapitelsaal

Teil des Kapellendaches

MODERNE INNENHÖFE. Der hintere Bereich des Admiralszimmers wurde im 18. Jahrhundert renoviert und diente von da an als Wohnung für den königlichen Repräsentanten. Dieser Bereich, der zwischen dem Prinzengarten und dem Kapitelsaal liegt, unterteilt sich in drei Innenhöfe: Der Innenhof des Assistenten (1) im kastilischen Stil, der aus zwei Ebenen besteht und den toskanische Säulen aus Marmor zieren, auf denen eine Galerie aus Holz ruht; der Patio Levíes (2), dessen manieristisch gestaltete Bögen aus dem gleichnamigen Haus im Judenviertel stammen - dem heutigen Viertel von Santa Cruz; und der Patio Joaquín Romero Murube (3) - ein Innenhof im romantischen Stil, der dem Erhalter des Palastes von 1934 bis 1969 gewidmet ist.

MODERNE INNENHÖFE | 039

DER MUDEJARISCHE ALCÁZAR

Der Palast von Peter I.

Der kastilische Monarch hatte eine Vorliebe für die arabische Kunst und ließ seinen Palast im mudejarischen Stil erbauen.

Der acht Jahrhunderte dauernde historische Prozess unter der traditionellen Bezeichnung "Wiedereroberung" wird in den Geschichtsbüchern als erbarmungsloser Kampf der Christen gegen die Vorherrschaft der Araber bezeichnet, die die Halbinsel seit dem Jahr 711 fast gänzlich eingenommen hatten. Eine genauere Betrachtung dieser langen Zeitspanne zeigt jedoch eine etwas andere Realität: In der zweiten Hälfte des 14. Jahrhunderts versammelte der kastilische König und Bewunderer der arabischen Kunst, Peter I., auch der Grausame genannt, verschiedene arabische und jüdische Berater und unterzeichnete einen Pakt mit dem nasridischen Sultan von Granada, seinem theoretischen Feind. Durch dessen Unterstützung wollte er sich besser vor inneren Feinden schützen. Dank dieser offenen Haltung, was die islamische Kultur und Religion anbetrifft, entstand im Alcázar der Palast von Peter I. Der kastilische Monarch hatte großen Respekt vor der Architektur der Araber und ließ Künstler und Handwerker arabischer Abstammung aus Toledo, Granada und Sevilla in den Hof kommen, um den neuen Palast im mudejarischen Stil zu erbauen. Diese Kunstrichtung, die von 1364 bis 1366 umgesetzt wurde, kombinierte die künstlerischen Elemente zweier Völker, die trotz vieler Kämpfe und Zusammenstöße nun schon seit acht Jahrhunderten auf der Halbinsel zusammenlebten. So sieht man an den Palastmauern Inschriften wie "Unser herrlicher Sultan Peter I., dass Allah ihn schütze!" - ein klares Zeichen für die Verschmelzung beider Kulturen. Nach der Erbauung wurde der Palast zum Wohnhaus der kastilischen Könige.

Peter I., der Grausame
Der Monarch aus der zweiten Hälfte des 14. Jahrhunderts nahm entscheidende Veränderungen am Alcázar vor: Er ließ den Palast mit seinem Namen erbauen.

Der Palast des Königs Peter I.

Mudejarische Künstler entwarfen die königliche Residenz

Nachdem König Peter I. seine Kindheit und Jugend im Alcázar verbracht hatte, entschloss er sich, seinen Palast und seine Residenz auf dem Grundstück des antiken Heiligen Palastes der Araber erbauen zu lassen, der 300 Jahre zuvor errichtet worden war. Der König befahl die Errichtung im mudejarischen Stil mit einem zentralen Innenhof und der Aufteilung in private und öffentliche Räume.

Die Umgestaltung des Palastes

König Peter I. ließ große Teile des Palastes umgestalten: die Bereiche südlich des Gotischen Palastes und den kreuzförmigen Innenhof. Er ließ den Palast aus dem 11. Jahrhundert niederreißen und an dessen Stelle eine neue Residenz errichten, die auf den Jagdhof hinausführte, den er ebenso neu entwarf. Ganz im Sinne seiner Vorliebe für die islamische Kunst konnten die arabischen Künstler und Handwerker zwei Jahre später schon den fertigen Palast übergeben.

Der Auftrag
Der quadratisch angelegte Palast ist im Osten und Süden von Gärten umgeben. Im Westen grenzt er an den Jagdhof, nördlich befindet sich der Gotische Palast.

1366
WAR DAS JAHR der Fertigstellung des Palastes, den der König Peter I. zwei Jahre zuvor in Auftrag gegeben hatte.

Spielzimmer
Diese drei Räume mit Blick auf die Gärten wurden im 19. Jahrhundert eingerichtet.

Salon von Karl V.
Der Raum, der einst als Kapelle diente, beeindruckt durch seine Deckentäfelung aus dem Jahr 1543.

Zugang zum Gotischen Palast

Zugang zum Oberen Palast
Die Treppe beginnt im Eingangsbereich und im Jungfrauenhof.

Königliches Gemach
Einteilung in Sommer- und Winterzimmer.

Der Jungfrauenhof als größter Innenhof
Er diente einst öffentlichen Zwecken und kombiniert mudejarische Elemente mit dem Stil der Renaissance.

Almohadische Gewölbe
Ausschnitt aus den mudejarisch gestalteten Treppengewölben.

PALAST DES KÖNIGS PETER I. - ÜBERSICHT

Empfangsraum
Von hier aus hatte man keinen Einblick in die anderen Räume des Palastes.

Salon der verlorenen Schritte
Verbindung vom Puppenhof mit dem Schlafgemach und Jungfrauenhof.

Puppenhof
Knotenpunkt der privaten und öffentlichen Bereiche des Palastes.

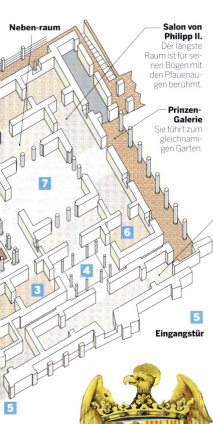

Neben-raum

Salon von Philipp II.
Der längste Raum ist für seinen Bogen mit den Pfauenaugen berühmt.

Prinzen-Galerie
Sie führt zum gleichnamigen Garten.

3500 QUADRATMETER
beträgt die Grundfläche zusammen mit dem Jungfrauenhof, dem Puppenhof und dem Oberen Palast.

Prinzenzimmer
Der Raum mit den drei Täfelungen hieß auch Schlafzimmer der Königin.

Eingangstür

Raum der Katholischen Könige
An der Decke befinden sich heraldische Embleme der Monarchen.

Zwei Innenhöfe für zwei Zwecke

Der Palast ordnet sich um zwei Innenhöfe herum an. Der Jungfrauenhof, der größere Hof, führte zu den öffentlichen Räumen, während der Puppenhof, der acht mal kleiner ist, zu den Privaträumen führte. Beide Achsen kreuzen sich im Botschafter-Saal - ein monumentaler Saal des Palastes, der als Knotenpunkt für die öffentlichen und privaten Räume diente. Dieser Saal und die beiden Innenhöfe sind die einzigen Räume des Palastes, die sich in der Höhe über zwei Etagen erstrecken.

Botschafter-Saal. Er wurde von den Königen als Thronsaal genutzt. Hier fanden offizielle Empfänge statt, weshalb der Raum besonders prächtig ist.

Die Hauptfassade

Das Portal des Palastes an der Stirnseite des Jagdhofes gilt als Meisterwerk der mudejarischen Kunst.

Das Portal an der Fassade

Das Portal an der Fassade ist ein mudejarisches Werk aus dem Jahr 1364. Es steht paradigmatisch für die Gesamtkonstruktion des Palastes, da an seiner Erbauung Handwerker verschiedener Kulturen beteiligt waren. An seinem Fundament aus Bossenwerken, die einen helldunklen Hintergrund bilden, errichteten sevillanische Künstler eine Reihe von Blindbögen seitlich des Tores, während die Steinmetzarbeiten der *sebqa* weiter oben auf den Bau der nahegelegenen Giralda zurückgehen. Der Rahmen des Türsturzes mit den elf Wölbsteinen und den Pflanzenmotiven ist ein Werk von Künstlern aus Toledo. Zwischen den Wölbsteinen und den Fenstern im oberen Stock ruht eine Reihe von kleinen Blindbögen auf zierlichen Säulen.

Die Fassade
Die drei Ebenen unterteilen sich in drei Abschnitte: in der Mitte die mudejarische Kunst, seitlich davon überarbeitete Bereiche.

35 METER

beträgt die Breite der Hauptfassade des Palastes von Peter I. mit dem mittleren und seitlichen Bereich.

1370 WAR DAS JAHR

in dem Muhammad V. von Granada an der Alhambra die Fassade der Comares nach dem Muster des Palastes von Peter I. erbaute.

Offenes Bogenfenster
Auf der Fassade befinden sich elegante Fenster.

Galerie
Mitte des 20. Jahrhunderts wurde das Dach entfernt.

Dach des Oberen Palastes

Türsturz. Diesen zieren in Reihen angeordnete grüne Kacheln und Wölbsteine mit vegetalen Motiven.

Mitte. Heraldische Motive (kastilisch) und Pflanzenmotive schmücken die Blindbögen.

Obere Galerie. Die obere Galerie der Seitenfassade schmücken Rundbögen, die auf Marmorsäulen ruhen.

PALAST DES KÖNIGS PETER I. - FASSADE | 045

Die Symbolik der Mauern
Eine Kombination aus Gipsarbeiten mit vegetalen Motiven und heraldischen Wappen des Königs Peter I.

LAGE

Vordach aus Kiefernholz

Säulen aus Backstein
Sie ruhen auf Marmorsäulen und fassen das mudejarische Portal ein.

Islamisches Ziegeldach

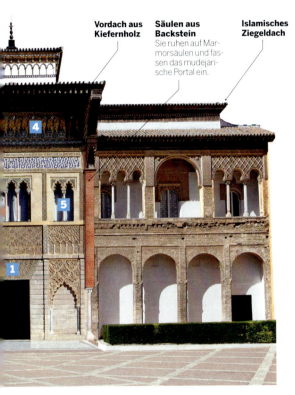

Die Inschriften

Oberhalb des mudejarischen Portals befindet sich ein großer Fries mit arabischen Schriftzeichen. Bis zu acht mal wiederholt sich hier der Leitspruch der nasridischen Dynastie von Granada: "und es ist nicht der Sieger, es ist Allah". Daneben befinden sich am Rand gotische Kaligraphien, die Aufschluss geben über die Erbauung des Palastes während der Herrschaft von Peter I. An den Blindbögen ist zu lesen: "Das Reich Allahs".

Obere Dachtraufe
Fries mit kleinen Bögen und mozarabischen Elemente aus Holz.

DATEN
MUDEJARISCHE KUNST

Arabische Kunst oder neue Stilrichtung?
Gemäß einigen Historikern ist die mudejarische Kunst nichts anderes als die Weiterführung der arabischen Kunst auf der Halbinsel, nachdem schon die Araber abgezogen waren. Die Anpassung an die christliche Kunst hatte jedoch ab dem 12. Jahrhundert einen gänzlich neuen Stil hervorgebracht.

Jungfrauenhof

Ein enger Gang führt vom Eingang zu diesem Innenhof. Um ihn herum waren alle Aktivitäten des Palastes angelegt.

'Plus ultra'
Der Leitspruch der Katholischen Könige befindet sich nahe der heraldischen Wappen am Fries des Innenhofes.

Das Zentrum des öffentlichen Lebens

Der Jungfrauenhof war zusammen mit dem Botschafter-Saal das Zentrum des öffentlichen Lebens. Hier empfing der König seine Untergebenen. An einem Ende befand sich die Kapelle - der heutige Botschafter-Saal -, seitlich davon lag der Salon von Karl V. Der Innenhof mit den Bogengängen besteht aus zwei Ebenen. Den unteren Bereich, der im 14. Jahrhundert im Stil der Mudejar-Kunst gestaltet wurde, zieren Spitzbögen, oben befinden sich ionische Säulen und Kapitelle mit klassischen Motiven.

Ausrichtung
Der Jungfrauenhof, der an die nördliche Mauer des Gotischen Palastes angrenzt, folgt der Nord-Süd-Achse bis zu der Fassade, durch den man zum Botschafter-Saal gelangt.

640
QUADRATMETER
beträgt die Gesamtfläche des Jungfrauenhofes mit den vier Galerien und den Säulengängen.

Die ebenerdigen Bogengänge
Die Mauer zwischen der Galerie und dem Erdgeschoss zieren Blindbögen, die im Jahr 1366 aus Backsteinen gefertigt wurden.

DATEN
DER INNENHOF IM ZUG DER ZEIT

Der Innenhof mit dem Garten und dem Wasserbecken verfügte einst nur über eine Ebene. Im 16. Jh. wurde dann die zweite Ebene errichtet und der Boden bepflastert.

1366

1572

1584

Gesichter
An der Galerie im oberen Bereich sieht man Medaillons mit den Gesichtern der Kaiser Karl V. und Isabell von Portugal.

Der Palastgarten
Mehr als vier Jahrhunderte lang war der Garten mit einem Marmorboden bedeckt, den Philipp II. im Zuge der Restaurierung von 1572 hatte entwerfen lassen. Seit 2002 zeigt der Garten des Jungfrauenhofes wieder sein ursprüngliches Aussehen, wie er einst im 14. Jh. im Mudejar-Stil gestaltet wurde: Ein längliches mit Backsteinen eingefasstes Becken und Wege, die unterhalb der Ebene der Galerie verlaufen. Da der Garten nicht als Durchgang gedacht war, wurde er durch die Könige von Austria bepflastert.

Mudejarische Kacheln

Jungfrauenhof

Die Mudejar-Kunst geht auf das 14. Jh. zurück. Im 16. Jh. wurde sie durch Ornamente im Renaissance-Stil ergänzt.

1 Ornamente
Gipselement an einem der Bögen.

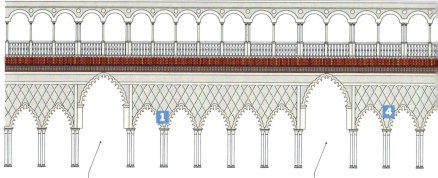

Bogen, der zum Botschafter-Saal führt

Eingang zum königlichen Schlafgemach

Mudejar- und Renaissance-Stil

Die Gipsarbeiten im unteren Bereich des Innenhofes wurden durch mudejarische Künstler in den Jahren 1364 bis 1366 angefertigt. Prägend sind die Ausarbeitungen der *Sebqa*, die auf den Einfluss der Almohaden zurückgehen. Die Innenwände der Galerie zieren Gipsarbeiten grenadischer Künstler. Hier wiederholt sich auch der nasridische Leitspruch der Fassade: "und es ist nicht der Sieger, es ist Allah". Die Ornamente, die später dann zu Zeiten der Könige von Austria angebracht wurden, schufen einen Kontrast zu der mudejarischen Kunst. Erstaunlicherweise bilden diese Elemente der Renaissance und der Mudejar-Stil ein harmonisches Miteinander.

108 SÄULEN

in Gruppen zu zweit oder zu dritt tragen die Galerien: 52 korinthische Säulen und 56 ionische Säulen.

60 BÖGEN

umfasst die Galerie. Die unteren 24 Bögen sind Spitzbögen, die oberen 36 Bögen sind Rundbögen.

1561 WAR DAS JAHR

in dem einige ältere Säulen der unteren Galerie ersetzt wurden. Zwei Jahre später folgten auch die übrigen Säulen.

PALAST DES KÖNIGS PETER I. - JUNGFRAUENHOF | 049

Umgestaltung
Auf den Gipswänden im Innenhof steht der Name von einem der Künstler und das Datum der Fertigstellung der Wände.

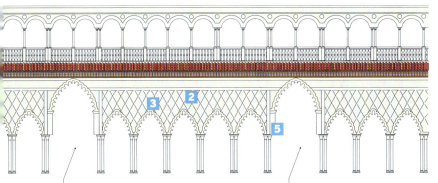

Bogen gegenüber dem Botschafter-Saal **Eingang Salon von Karl V.**

Gipsarbeiten. Während des 16. Jahrhundert war man darum bemüht, den Palast den Bedürfnissen des Kaisers anzupassen. So fügte man den einfachen mudejarischen Elementen Verzierungen der Renaissance hinzu, was sich in Motiven der Ritterwelt, der Religion sowie Inschriften und heraldischen Wappen niederschlug.

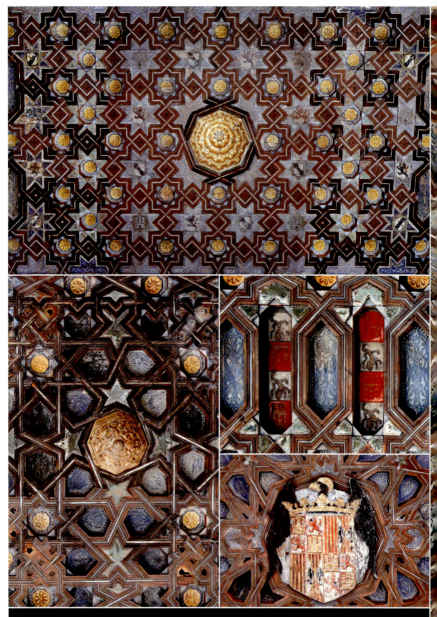

Decken der Galerien im Jungfrauenhof. Die Motive der Decken der vier Galerien aus mehrfarbigem Holz entstehen durch Ornamente, die sich untereinander kreuzen und dadurch geometrische Formen wie fünf-, acht- und zehnzackige Sterne sowie andere vieleckige Formen hervorbringen. Alle Formen basieren auf einer symmetrischen Struktur und der Wiederholung von Formen. Die Innenflächen der Vielecke wurden bunt ausgemalt, wobei einige Flächen mit Inschriften, mozarabischen Verzierungen und heraldischen Wappen von Kastilien und León versehen wurden. Die Decken wurden zur Zeit der Katholischen Könige angebracht. 1856 wurden sie restauriert.

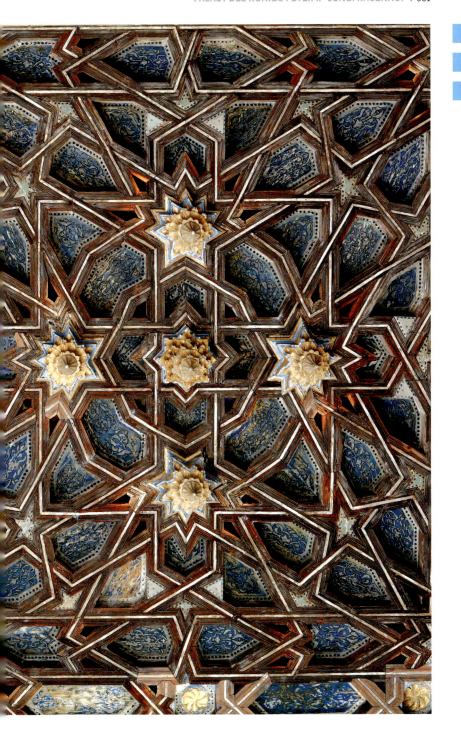

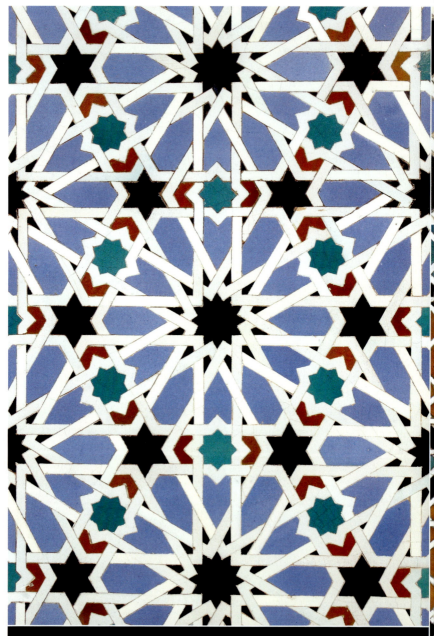

Die Fliesen im Jungfrauenhof. Der Boden in den Galerien wurde mit geometrischen Fliesen bedeckt. Dafür wurden kleine Keramikfliesen ähnlich eines Puzzles mit der Vorderseite nach unten angeordnet, so dass sich verschiedene Motive ergaben. Danach wurden die Fliesen mit Gips bedeckt und auf der Mauer angebracht. Das Grundprinzip hierbei war die systematische Wiederholung von Formen, so dass sich eine Fläche mit einfacheren oder komplexeren Formen herausbildete.

Spielzimmer

Der Ostflügel des Palastes geht auf die Gärten hinaus. Er umfasste einst eine Kapelle und zwei Schlafzimmer.

Verzierung über einer Tür

Drei Räume

Die Kinderzimmer bestehen aus drei kleineren Räumen: Von einem zentralen rechteckigen Raum führen jeweils zwei Schlafzimmer über einen Balkon und eine Treppe zum Galera-Garten. Die seitlichen Zimmer entspringen dem islamischen Stil, der von den Katholischen Königen übernommen wurde: An beiden Enden eines größeren Zimmers befinden sich die Schlafkammern. Gegen Mitte des 19. Jh. wurden die Seitenzimmer und der mittlere Raum umfassend umgestaltet. Ein Zeit lang dienten sie als Esszimmer, zu einer anderen Epoche als einfacher Lagerraum. Da die Zimmer zu Anfang das Schlafgemach der Königskinder waren, wurde der Name beibehalten.

Der Ostflügel des Palastes
Dieser Bereich des Palastes, der die Kinderzimmer und den Salon von Karl V. umfasst, grenzt im Osten an den Garten von Troja und den Galera-Garten.

Der Salon von Carlos V.
Dieser diente zunächst als Palastkapelle.

1848
WAR DAS JAHR in dem María Isabel von Orleans, die Nichte des letzten Königs von Frankreich, dort geboren wurde.

Bodenfliesen im südlichen Saal

Kinderzimmer
Diese bestehen aus drei Räumen.

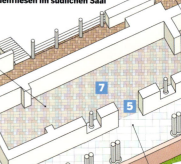

Tür zum Jungfrauenhof

Südliches Kinderzimmer

Tür zum Botschafter-Saal

Fenster eines Seitenzimmers

PALAST DES KÖNIGS PETER I. - SPIELZIMMER | 055

Der Bodenbelag
Der Boden dieses Saales aus Backstein und Fliesen zeigt noch sein ursprüngliches Aussehen.

LAGE

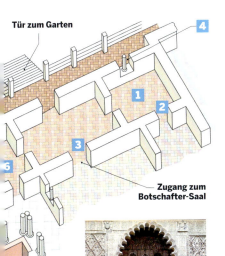

Tür zum Garten

Zugang zum Botschafter-Saal

Schreinerarbeiten
Die Tür zum Salon von Karl V., vom Jungfrauenhof aus gesehen, wurde von Schreinern aus Toledo gestaltet.

120
QUADRATMETER
beträgt die Grundfläche der drei Kinderzimmer.

100
QUADRATMETER
beträgt die Fläche des Salons von Karl V.

<<<
Deckentäfelung
Die Decken der Kinderzimmer besitzen eine Täfelung aus zarten mehrfarbigen Holzstreifen. Sie wurden mit heraldischen Wappen verziert.

Der Salon von Karl V.

Zusammen mit der östlichen Galerie des Jungfrauenhofes hatte man den Salon von Karl V. einst als Palastkapelle konzipiert. Nach dem Bau des Oratoriums durch die Katholischen Könige wurde dieser Raum zum Schlafgemach umfunktioniert. In dieser Zeit, zwischen 1541 und 1543, wurde hier die hölzerne Deckentäfelung angebracht, von der der Raum auch seinen Namen bezieht. Sie besteht aus achteckigen und quadratischen Deckenkassetten, die florale Motive und Büsten von Reitern und Hofdamen zieren. Ein Bogen aus Gips unterteilt den Raum in zwei Bereiche: Der kleinere diente als Präsbyterium und später als Schlafzimmer.

Schlafgemach

Das frühere Schlafzimmer des Königs öffnet sich zur westlichen Galerie des Jungfrauenhofes.

Recycling
Die Säulen des Schlafgemaches zieren Kapitelle, die aus dem Córdoba des 10. Jh. stammen.

Sommer und Winter

Parallel zur westlichen Mauer des Jungfrauenhofes, dessen Galerie sich über einen Flachbogen öffnet, befindet sich das königliche Schlafgemach. Dieser Raum, in dem der König nächtigte, besteht aus zwei rechteckigen Bereichen. Im ersten und größeren Zimmer stand das Bett des Königs. Über zwei Fenster zum Innenhof hin konnte genügend Licht in den Raum einfallen, an dessen Ende sich ein weiteres quadratisch geformtes Schlafgemach befand, das durch einen Bogen mit Vorhängen abgetrennt wurde, um die Privatsphäre des Königs zu bewahren. Eine Tür am Ende des Raumes führte zum Privatbereich des Palastes. Der dunklere Raum wurde im Sommer als Schlafzimmer genutzt.

Wappen. Von Kastilien und León am unteren Fries.

PALAST DES KÖNIGS PETER I. - KÖNIGLICHES SCHLAFGEMACH | 057

100 QUADRATMETER
beträgt die Gesamtfläche des königlichen Schlafgemaches.

Verzierung
Die Wände aus Gips sind mit geometrischen und vegetalen Motiven sowie mit arabischen Inschriften versehen.

LAGE

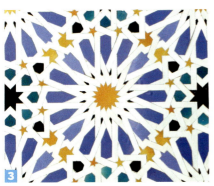

3 Sockel aus Kacheln
Die unteren Wände wurden mit Kacheln in geometrischen Formen bekleidet.

4 Türbogen
Vegetale Motive wurden auf Gips gemalt.

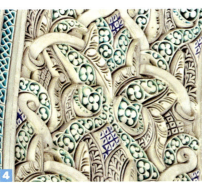

5 Sommerliches Schlafgemach
Teil der bunt bemalten Gipsdecke.

6 Keramikfliese am Sockel

Prächtige Verzierung

Die Zierelemente der Räume sind aufgrund ihrer Bestimmung als königliches Schlafgemach von besonderer Pracht. Die meisten Kapitelle der Säulen, die den Raum zieren, stammen aus den Palästen von Córdoba und wurden zur Zeit des Kalifates (10. Jh.) - der Blütezeit der islamischen Kunst auf der Halbinsel - entworfen. Die Gipsarbeiten entstammen der Mudejar-Kunst des 14. Jahrhunderts. Besonders stilvoll sind hier die Drahtziegelgewebe oberhalb des Türbogens und die Sockel mit den geometrischen Motiven. Ein weiteres auffälliges Element ist die doppelte Tür aus Holz, die von Tischlern aus Toledo angefertigt wurde. Die Decke mit den geometrischen Formen wurde zu Beginn des 16. Jahrhunderts angebracht.

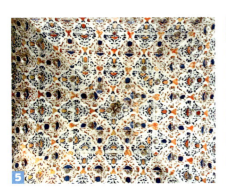

DATEN
AUSSCHNITT AUS DER VERZIERUNG

Die Hufeisenbögen, die die beiden Schlafgemächer des Königs miteinander verbinden, zieren Motive mit Pflanzen und Muscheln - den islamischen und christlichen Symbolen für die Fruchtbarkeit und das Leben.

Botschafter-Saal

Der Botschafter-Saal, der von Peter I. als Thronsaal genutzt wurde, ist der prächtigste Saal des Palastes.

Säulen und Kapitelle
Die Hufeisenbögen werden von Kapitellen und Säulen aus rosa und schwarzem Marmor getragen.

Offizielle Empfänge

Der Botschafter-Saal war der Mittelpunkt des öffentlichen Lebens. Hier wurden alle Zeremonien begangen. Mit seinem quadratischen Grundriss und der halbrunden Kuppel aus Holz im Stil der islamischen *Qubbas* öffnet sich dieser Raum zu vier Seiten hin: Durch einen großen Rundbogen betritt man den Raum, die drei anderen Wände sind mit dreifachen Hufeisenbögen versehen. Da sich nur dieser Raum des Palastes über beide Stockwerke erstreckt, ist seine sechseckige Kuppel auch von außen vom Jungfrauenhof aus sichtbar und weist damit auf die Bedeutsamkeit dieses Raumes hin.

Der Salon
In Nachahmung der Medina Azahara aus der Zeit der Kalifen (10. Jh.) sind drei der vier Fensteröffnungen mit Hufeisenbögen versehen.

Stern am Schlussstein der Kuppel
1843 wurden einige Teile der Kuppel durch glänzende Spiegel ersetzt.

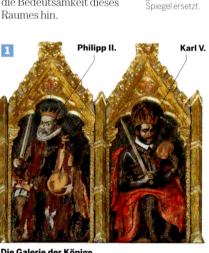

Philipp II.   Karl V.

Die Galerie der Könige
Ein Fries im Salon zeigt Bilder der Könige des kastilischen Territoriums, vom König Reccesvinth bis Philipp III.

PALAST DES KÖNIGS PETER I. - BOTSCHAFTER-SAAL | 059

Inschriften
Die Gipsarbeiten am Fries des Salons zieren islamische Inschriften mit den Lobgesängen auf Allah und Peter I.

1526
WAR DAS JAHR
in dem sich der Kaiser Karl V. und Isabell von Portugal im Botschafter-Saal das Ja-Wort gaben.

Die vier Balkone
Sie wurden Ende des 16. Jh. aus gedrechseltem Eisen gefertigt.

Die Drachen
Die vier Balkone am Salon werden durch drei Drachen aus Spanholz getragen.

Der prächtigste Raum des Palastes

Peter I. ließ den Botschafter-Saal besonders luxuriös gestalten: Seine Wände wurden mit grenadischen Kacheln sowie bunt bemalten Stuckverzierungen mit Lobgesängen auf den König und Allah versehen. Die Holztüren zieren sternförmige Ornamente und Inschriften. Ein halbes Jahrhundert später, 1427, wurde ein neues Holzgewölbe angebracht.

 DATEN
EINGANGS-TÜR

Auf der doppelten Tür aus dem Jahr 1366 befinden sich an der Außenseite islamische Inschriften und an der Innenseite kastilische Schriftzüge. Sie nehmen Bezug auf biblische Inhalte.

Islamische Inschrift

01 und 04. Wände. Um den ganzen Raum herum ziehen sich zarte Stuckarbeiten in Gold- und Blautönen. **02. Kastilien und León.** Den mittleren Bereich der Kuppel zieren Wappen von Kastilien und León und nehmen damit Bezug auf König Peter I. **03. Porträts.** Die 32 Porträts auf dem hölzernen Fries der Kuppel zeigen die Gesichter von Prinzessinnen und Königskindern. *Folgeseite.* **Die Kuppel.** Die hölzerne Kuppel wurde 1843 mit Spiegeln versehen, um ihre Leuchtkraft zu erhöhen.

Seitliche Räume

Diese zwei symmetrischen Räume verbinden den Botschafter-Saal mit dem Privatbereich des Palastes.

1598
WAR DAS JAHR der Fertigstellung der Holzdecken mit Hilfe von geometrischen Deckenkassetten.

Stuckdecken

Die seitlichen Räume haben eine rechteckige Form und befinden sich neben dem Botschafter-Saal sowie dem Kinderzimmer und dem Puppenhof, dem Mittelpunkt des Privatbereiches des Palastes. Auffällig sind hier die Decken, die aus den letzten Jahren des Königreiches von Philipp II. stammen. Der Fries wurde aus Gipsarbeiten im Stil der Mudejar-Kunst hergestellt. Zu sehen sind weiße Reliefs mit Ritterszenen. Die Szenen des östlich gelegenen Saales, die auf Künstler aus Toledo zurückgehen, entstammen dem Buch *Chroniken von Troja*; der gegenüberliegende Saal zeigt Kunstwerke sevillanischer Künstler.

Ost-Saal. Bodenbelag, Wände und Decke des Saales. Links der Botschafter-Saal.

PALAST DES KÖNIGS PETER I. - SEITLICHE RÄUME | 065

Die Kacheln
Wie auch die anderen Palasträume haben die seitlichen Räume einen Sockel, der sich aus sechs- und dreieckigen Kacheln zusammensetzt.

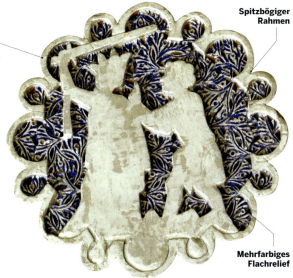

Spitzbögiger Rahmen

Gips-Medaillons
Die Gipsarbeiten der mudejarischen Künstler aus Toledo zeigen Ritter, Hofdamen, tatsächliche und Fabeltiere sowie Bäume und Pflanzen.

27
MEDAILLONS
aus Gips mit Ritterszenen befinden sich am oberen Fries in jedem Seitenzimmer.

Mehrfarbiges Flachrelief

DATEN
VOM PRIVATEN ZUM ÖFFENTLICHEN BEREICH

Die Seitenräume dienten als Übergang vom Privatbereich zum öffentlichen Teil des Palastes. Den Botschafter-Saal, der die Breite des Jungfrauenhofes einnahm, erreichte man über Fenster, die bis zum Boden der Galerie reichten.

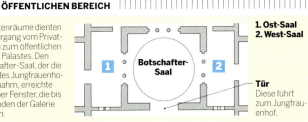

1. Ost-Saal
2. West-Saal

Tür
Diese führt zum Jungfrauenhof.

Salon von Philipp II.

Charakteristisch für den längsten Raum des Palastes sind der dreifache Bogen und die Deckentäfelung.

Pfauenauge
Zierelement an einem Bogen.

Bogen mit Pfauenauge

Der Bogengang, der vom Botschafter-Saal zum Salon von Philipp II. führt, ist eines der schönsten Beispiele für die Mudejar-Kunst. Die drei Hufeisenbögen gehen auf die Architektur Córdobas im 10. Jahrhundert zurück. Die Bogengänge bestehen aus zwei schwarzen Marmorsäulen, die Kapitelle des Kalifates tragen. Hier wurden islamische Elemente wie Inschriften in kufischer Schrift mit christlichen Motiven kombiniert: dargestellt werden Pflanzen und auch verschiedene Vögel, darunter der Pfau, der dem Bogen seinen Namen verleiht. König Peter I. wählte diese Motive aus, da er eine Vorliebe für die Jagd und insbesondere für die Falkenjagd hatte.

Die Vögel
Sie ähneln den Gipsarbeiten im Mudejar-Palast von Tordesillas in Valladolid, den Alfons XI. und Peter I. hatten erbauen lassen.

24
VÖGEL verschiedener Arten, darunter auch der Pfau, werden auf den Bögen dargestellt.

23
METER beträgt die Gesamtlänge des Salons von Philipp II. - dem längsten Raum des Palastes.

Motiv des Pfaus

Muschel

Inspiration
Die Motive der Vögel entstammen Tüchern, die man auf den orientalischen Märkten von Sevilla kaufen konnte.

Der Schwan
Symbol der Schönheit und Eleganz.

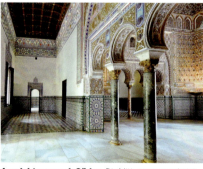

Ausrichtung nach Süden. Die Mittagssonne scheint durch die Tür und die zwei Fenster zum Prinzengarten auf die Stuckarbeiten des Pfauen-Bogens.

PALAST DES KÖNIGS PETER I. - SALON VON PHILIPP II.

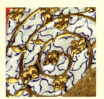

Vegetale Motive
Die mudejarische Verzierung aus dem 14. Jahrhundert zeigt Weinranken und andere vegetale Motive.

Hufeisenbogen

Die Decke. Der Schreiner Martín Infante nahm sich den italienischen Künstler Sebastiano Serlio zum Vorbild, dessen Architektur im 16. Jahrhundert sehr geschätzt wurde.

Inspiration
Der Bogen aus dem 14. Jh. ahmt die architektonischen Formen des Palastes Medina Azahara von Córdoba nach.

Inschriften
Am Bogen befinden sich vegetale und figürliche Motive sowie arabische Inschriften.

Muldenförmige Decke

Die verschiedenen Bezeichnungen des Raumes, der sich zwischen Botschafter-Saal und der Galerie des Prinzengartens befindet, gehen auf das Datum der Erbauung und auf die Gestaltung seiner Decke zurück. Aufgrund der sanften Kurvenform der Holztäfelung wird er auch als muldenförmiger Raum bezeichnet; wegen seines Erstellungsdatums heißt er Salon von Philipp II., da die Holzarbeiten auf Basis von Deckenkassetten im manieristischen Stil aus den Jahren der Herrschaft dieses Königs datieren. In den Kassetten sieht man Quadrate und Kreuze.

Puppenhof

Im mudejarischen Innenhof, der kleiner ist als der Jungfrauenhof, spielte sich einst das Privatleben des Hofes ab.

Kapitell
Eines der Kapitelle mit der Darstellung von Puppen stammt aus der Zeit des Kalifates. Es trägt Inschriften des Koran.

Auf der Suche nach dem Privaten

Der Puppenhof diente einst dazu, die Residenz des Königs vom öffentlichen Bereich abzuschirmen. Ein enger und gebogener Gang, der jeglichen Einblick in den Privatbereich verwehrte, führte zur Eingangstür. Über einen weiteren Flur gelangte man zu den drei Schlafzimmern und dem Prinzengarten. Ursprünglich bestand der Innenhof aus nur einer Ebene; im 16. Jahrhundert kam eine Galerie hinzu, die im 19. Jahrhundert wiederum entfernt wurde.

Marmor und Fliesen
Die Nüchternheit des Marmorbodens, der zwischen Innenhof und Portal leicht abfällt, steht im Gegensatz zu den prachtvollen Fliesen aus Granada.

QUADRATMETER beträgt die Gesamtgröße des Innenhofes mit den Puppen.

Gipsarbeiten
Diese Gipsarbeiten sieht man nur an der unteren Ebene. Die Ornamente der oberen Ebenen wurden nach dem Muster der Alhambra im 19. Jh. gefertigt.

DATEN
DIE PUPPEN IM INNENHOF

Der Name des Innenhofes geht auf die vier kleinen Köpfe am Beginn des Bogens nahe des Gangs zurück, der zum Eingangsbereich des Palastes führt. Die kleinen Gipsskulpturen sind Reliefs, die sich innerhalb eines Kreises befinden.

PALAST DES KÖNIGS PETER I. - PUPPENHOF

10
SÄULEN
aus dem Kalifat des 10. Jh., die Al-Mutamid wiederhergestellt hatte, tragen die zehn Bögen.

Decken der Galerien
Sie bestehen aus Holztäfelungen mit geometrischen Motiven und Ornamenten in lebendigen Farben.

Künstler aus Granada

Der Puppenhof ist aufgrund seiner Größe, der Asymmetrie der beiden kürzeren Seiten und der zarten Dekoration eines der Schmuckstücke des Alcázar. Seine Säulen aus weißem, schwarzem und rosa Marmor sind mit Kapitellen des Kalifates versehen, die König Al-Mutamid im 11. Jh. für die Medina Azahara von Córdoba hatte anfertigen lassen. Über den Kapitellen befinden sich Flachbögen im Stil der nasridischen Kunst, welche in Granada ihren Ursprung gehabt hatte. Der Puppenhof wurde von Künstlern gestaltet, die der grenadische Sultan Muhammad V., ein Freund von Peter I., geschickt hatte. Die Gipsarbeiten an den Bögen und am oberen Fries der Spitzbögen im Untergeschoss gelten als Meisterwerk der mudejarischen Kunst.

Obergeschosse
Sie wurden gegen Mitte des 19. Jh. durch den Architekten Rafael Contreras gebaut, der auch die Alhambra entworfen hatte.

Fenster
Bogen am Puppenhof.

Salon der Katholischen Könige

Dieser Salon ist zusammen mit dem Puppenhof für die Deckentäfelung im Renaissance-Stil des 16. Jahrhunderts berühmt.

Täfelung im Renaissance-Stil

Der Salon der Katholischen Könige ist ein quadratisch geformter Raum, der sich an der kürzeren Seite zum Puppenhof hin öffnet. Er führt zum Salon von Philipp II. und verfügt ganz im Stil des 19. Jahrhunderts über ein Fenster zum Prinzengarten. Die Gipsarbeiten um die zwei Türen entsprechen ganz dem mudejarischen Stil, während die Decke mit zarten Holzstreifen in verschiedenen Farbtönen verkleidet ist, die heraldische Embleme der Katholischen Könige umgeben.

1 Decke des Saals

Gipsarbeiten am Bogen des Eingangs

PALAST DES KÖNIGS PETER I. - SALON DER KATHOLISCHEN KÖNIGE | 073

Fries
Am Fries an der Decke sind Kerzenleuchter und Granatäpfel abgebildet. Diese sollten an die gerade eroberte Stadt erinnern.

Inschriften
Die bunt bemalten Gipsarbeiten am Türrahmen und in den Bögen sind mudejarischer Art und tragen arabische Inschriften.

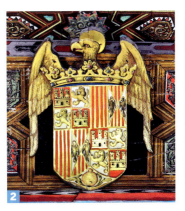

12
WAPPEN
aus Holz befinden sich an der stuckverzierten Decke.

Granatapfel
Das Wappen der Katholischen Könige umfasst auch den Granatapfel.

Die Pfeile
Sie stehen als Symbol für das Königreich von Ferdinand, dem Katholischen.

Das Joch
Wappen des Symbols von Isabell (Buchstabe) und dem Leitspruch.

Türen zum Saal

DATEN
DIE FLIESEN DES SALONS

Der Saal ist einer der wenigen Räume, bei dem der ursprüngliche Bodenbelag erhalten blieb. Hier wurden Backstein und Fliesen kombiniert und mit glasierten Kacheln eingefasst.

Prinzenzimmer

Das frühere Schlafzimmer der Königin besteht aus drei Bereichen, die prächtige Decken im Renaissance-Stil zieren.

Mozarabische Verzierung in der Mitte der Decke

4

Früheres Schlafzimmer der Königin

Das Prinzenzimmer, das durch eine Tür auf den Puppenhof hinaus führt, war früher das Schlafzimmer der Königin, bis Isabell, die Katholische, einige der Räume umbauen ließ. Seitdem entspricht das Prinzenzimmer dem traditionellen Aufbau des islamischen Palastes und verfügt über einen länglichen Saal und jeweils ein quadratisches Schlafzimmer an den beiden Enden. Das mittlere Zimmer ist mit einer prächtigen Decke im Stil der Renaissance ausgestattet.

Das Schlafzimmer des Erben
Juan de Trastámara wurde 1478 im Alcázar geboren. Bei seinen Reisen nach Sevilla nutzte er eines der Zimmer.

1
Prinzenzimmer

2
Tür zum Puppenhof

3
Schlafzimmer

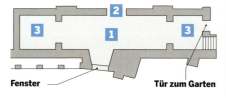

DATEN
FENSTER ZUM JAGDHOF

Der mittlere Bereich des Prinzenzimmers umfasst ein Fenster zur Galerie des Admiralzimmers, das sich im Jagdhof befindet. Dieses Fenster hatten die Katholischen Könige entworfen, um die Schlafzimmer mit mehr Licht zu versorgen.

PALAST DES KÖNIGS PETER I. - PRINZENZIMMER | 075

Die Böden des Raumes
Tonfliesen und Kacheln wurden bei diesem Boden aus dem 20. Jahrhundert miteinander kombiniert.

19
JAHRE
war der Prinz Juan von Trastámara alt, als er an Tuberkulose starb. Er war die letzte Hoffnung der Katholischen Könige auf eine Thronfolge.

5
Zentrale Decke
Die bunten Ornamente erzeugen zwölfzackige Sterne und heraldische Motive, die sich mit mozarabischen Motiven abwechseln.

6
Südliche Decke
Die im Jahr 1543 gefertigte Decke besteht aus bunten Deckenkassetten, die aus Bandwerken gefertigt wurden.

7
Gipsarbeiten
Bunter Stuck an den Zwickeln der Bögen.

FOLGESEITE
Decke des Nordzimmers
Täfelung im Stil der Renaissance auf Rüsseln mit mozarabischen und heraldischen Motiven.

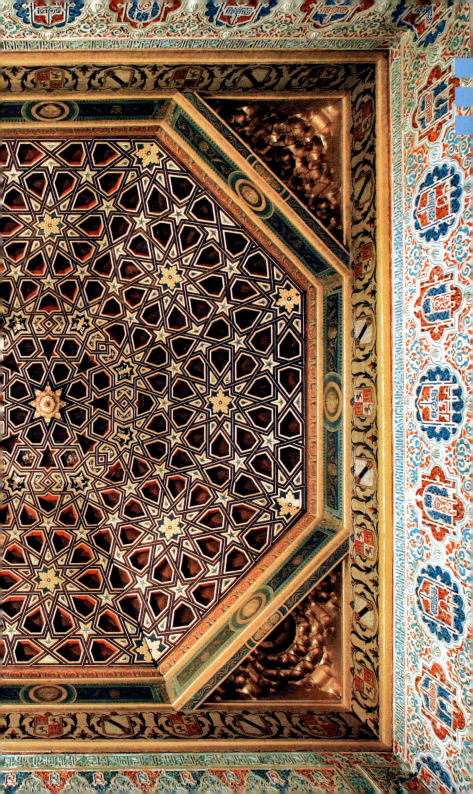

Der Obere Palast
Die Winterresidenz der Könige des Alcázar

Obwohl einige Räume der oberen Etage schon zur Zeit der mudejarischen Künstler existiert hatten, wurden sie erst während der Herrschaft von Peter I. im Jahr 1366 fertiggestellt. Die Erweiterung auf diese Ebene geht auf eine Idee der Katholischen Könige Ende des 15. Jh. / Beginn des 16. Jh. zurück und wurde später durch die ersten Könige von Austria vollendet, um den Palast in seiner Größe zu verdoppeln.

Zwei Paläste in einem
Bis zu den Umbauarbeiten durch die Katholischen Könige verfügte das Obergeschoss über nur zwei Räume: den Empfangssaal im Westen und das Schlafzimmer des Königs Peter I. im Osten. Der übrige Palast befand sich auf nur einer Etage. Trotz des guten Klimas, das sich durch laue Nächte auszeichnete, hielten es die Katholischen Könige für nötig, eine zweite Etage einzuziehen, die als Isolierung vor Kälte und Feuchtigkeit dienen sollte und mehr Sonnenlicht erhielt als das Erdgeschoss.

Königliche Residenz
Der Obere Palast ist heute die Residenz der Könige bei Besuchen in Sevilla. Die meisten der Möbel stammen aus dem 19. Jahrhundert.

1300
QUADRATMETER
beträgt die Gesamtfläche des oberen Palastes mit Ausnahme der Innenhöfe und dem Botschafter-Saal.

Obere Galerie des Jungfrauenhofes
Sie entstand im 16. Jh. im Renaissance-Stil.

Aussichtsbalkon 6

Schlafzimmer des Königs Peter I.

Herkules-Zimmer
Dieser Name bezeichnete die Räume des Oberen Palastes im 16. Jh.

Herkules-Säule. An der Kuppel des Botschafter-Saales sieht man das Symbol der Katholischen Könige.

Hauptfassade

Zugang zum oberen Palast. Die Treppe aus dem 16. Jh. befindet sich an einem Ende der Galerie des Admiralzimmers. Sie führt zum Jagdhof.

OBERER PALAST | 079

4 Empfangssaal
Seine Wände sind mit bunten Gipsarbeiten im Mudejar-Stil versehen.

5 Vorzimmer der Königin
Ursprüngliches Deckengetäfel aus der Zeit der Katholischen Könige.

6 Aussichtsbalkon der Katholischen Könige. Auffällig sind die doppelten Hufeisenbögen.

Raucherzimmer

Gala-Zimmer
Während der Herrschaft von Philipp II. erbaut und im 19. Jh. umgestaltet.

Schlafzimmer des Prinzen Johannes
Das Zimmer des Sohnes der Katholischen Könige.

Vorzimmer der Königin

Oratorium der Katholischen Könige

Empfangszimmer

8 Schornstein
Den Schornstein am Aussichtsbalkon ziert eine königliche Krone.

1591
WAR DAS JAHR in dem das Deckengetäfel des Raucherzimmers durch den Schreiner Martín Infante angefertigt wurde.

Treppe nach oben
Ausschnitt aus der Decke über der Treppe vom Jagdhof aus.

Nutzung als Wohnung

Die Erweiterung des Palastes durch die Katholischen Könige und die zwei umfassenden Reformarbeiten, die wenige Jahrzehnte später von den ersten Königen von Austria in Angriff genommen wurden, führten fast zu einer Verdoppelung der Wohnfläche: Die Galerien um den Jungfrauenhof und den Puppenhof schufen einen Knotenpunkt für die Verbindung der unterschiedlichen Räume des Palastes. In der oberen Etage nahm der Wohnbereich einen größeren Raum ein als der öffentliche Bereich.

7 Schlafzimmer des Königs Peter I. Ausschnitt aus dem Kachelsockel. Die geometrischen Motive zieren diesen Raum im Osten des Oberen Palastes.

Das Oratorium

Trotz seiner geringen Größe gilt das Oratorium als eines der Meisterwerke der Renaissance-Kunst.

Das Schlafzimmer der Königin
Das Oratorium gehört zu den Zimmern der Königin. Isabell, die Katholische, ließ diese Räume im Oberen Palast errichten.

Das Oratorium
Das Oratorium im Westflügel des Oberen Palastes ist ein kleiner rechteckiger Raum, der mit einem Kreuzrippengewölbe bedeckt ist, das zwei Säulen tragen, die vier Flachbögen mit filigranen Elementen erzeugen. Über dem Altar befindet sich ein Bild, das der toskanische Künstler Niculoso Pisano aus Kacheln gefertigt hatte. Im Zuge des Wiederauflebens der Keramikkunst im 16. Jahrhundert vermochte er diese andalusische Tradition mit der italienischen Kunst zu verbinden.

Die Visitation
Das zentrale Motiv des Altarbildes im Oratorium, das Niculoso Pisano erstellt hatte, ist die Visitation der Jungfrau bei Isabell.

1504 WAR DAS JAHR
in dem Niculoso das Altarbild fertigstellte. In dem Jahr starb auch Isabell, die Katholische.

1
Aussichtsbalkon der Könige
Mudejarische Ornamente.

2
Empfangszimmer

DATEN
DIE DECKEN IM OBEREN PALAST

Obwohl die Räume des Oberen Palastes im Lauf der Jahrhunderte immer wieder umfunktioniert wurden, wurde doch ein Großteil des ursprünglichen Deckengetäfels aus dem 15. bis 16. Jahrhundert bewahrt.

Mischung der Kulturen
Der Künstler Niculoso Pisano verwendete diese Kacheln als Gegensatz zur Geometrie des Islams.

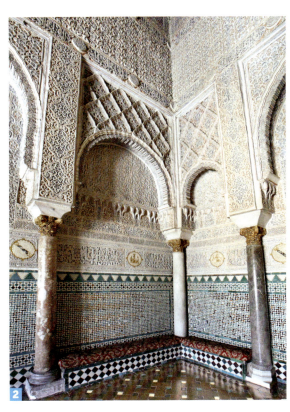

Die ältesten Räume

Das Empfangszimmer und das Schlafzimmer des Königs Peter I. als einzige mudejarische Räume des Oberen Palastes sind von besonderer Pracht. Die Wände des Empfangszimmers sind über und über mit Kacheln bekleidet. Die eine Wand öffnet sich zu einer Galerie hin, die mit mozarabischen Zierelementen bedeckt ist und einen Blick auf den Jagdhof, die Giralda und die Kathedrale gestattet. Das Schlafzimmer des Königs Peter I. auf der gegenüberliegenden Seite ist noch mit dem ursprünglichen mudejarischen Deckengetäfel aus dem 15. Jh. versehen.

DIE ERSTEN CHRISTLICHEN ELEMENTE IM ALCÁZAR
Der gotische Palast und der kreuzförmige Hof

Alfons X., der Weise, ließ seine königliche Residenz im Stil der christlichen Kunst des Mittelalters errichten.

Ferdinand III., der König von Kastilien, hatte nach seiner Eroberung von Sevilla im Jahr 1248 kaum Zeit, sich im Alcázar niederzulassen: Schon vier Jahre später starb er dort. Sein Nachfolger, Alfons X., der Weise, teilte die Bewunderung seines Vaters für die islamische Kunst und die Stadt Sevilla. Da der Palast der einstigen almohadischen Kalifen nicht mehr seinen Bedürfnissen entsprach, ließ er ihn umgestalten. Die recht kleinen Räume mit den niedrigen Decken und die verschachtelte Aufteilung der Räume hatten zwar dem islamischen Bedürfnis nach Intimität entsprochen, waren jedoch nicht im Sinne des neuen Königs. Die Räume wurden nun erweitert, neue Decken eingezogen und eine klare Hierarchisierung der verschiedenen Bereiche des Palastes vorgenommen. Aufgrund des Prestiges, das die französische Gotik-Kunst mittlerweile auf der Halbinsel besaß, ließ Alfons X. den Palast mit gotischen Formen schmücken, die man zu jener Zeit dem Christentum und den Kreuzfahrern zuordnete. Sie sollten den Sieg des westlichen Christentums über den Islam symbolisieren. So ließ der König die Handwerker zu sich kommen, die auch schon die Kathedrale von Burgos errichtet hatten - ein Bauwerk, das auf der Halbinsel einen Höhepunkt der Epoche der Gotik markiert. Diese wurden damit beauftragt, neben dem antiken almohadischen Palast einen königlichen Hof zu erbauen, der dem Alcázar den Glanz zurückgeben sollte, den er einst zu Zeiten von Al-Mutamid, dem Poeten und Taifenkönig von Sevilla, besessen hatte.

Alfons X., der Weise
Der König von Kastilien, der von 1252 bis 1284 regierte, komponierte in seinem Palast die berühmten 'Cantigas de Santa María' in galizisch-portugiesischer Sprache.

Gotik-Palast und kreuzförmiger Hof
Die ersten Reformarbeiten wurden durchgeführt

Der gotische Palast, den Alfons X. ab 1254 und mehr als ein Jahrhundert vor Peter I. errichten ließ, wurde von Handwerkern errichtet, die sich auf die Kunst der französischen Gotik spezialisiert hatten. Die ersten Reformarbeiten bezogen sich auf die Mauern des früheren almohadischen Palastes, der sich neben dem kreuzförmigen Hof befand und der einst der Knotenpunkt des islamischen Palastes war.

Der Gotische Palast
Der Gotische Palast, der sich östlich des Jagdhofes und zwischen dem kreuzförmigen Hof und den Gärten des Alcázar befindet, besteht aus zwei Bereichen: zwei große und parallel verlaufende Räume mit einem Portikus, der als Galerie fungierte, und zwei kleineren Räumen an den jeweiligen Enden. Ursprünglich hatten Kreuzrippengewölbe - ein typisch gotisches Element - die Decken bekleidet. Die äußeren Strebepfeiler mit den Zinnen und die kleinen eckigen Türme betonten den Wunsch des Bauherrn, christliche Elemente im Herzen des Alcázar unterzubringen.

1500 QUADRATMETER
beträgt der Grundriss des Gotischen Palastes mit dem Portikus.

1252 WAR DAS JAHR
in dem Alfons X., der Begründer des Gotischen Palastes, König über Kastilien und León wurde. Sein Vater, Ferdinand III., war zuvor gestorben.

Innenhof und Palast
Die Galerien mit den Portalen aus dem 18. Jh., die nach dem Erdbeben entstanden, verbinden den kreuzförmigen Hof mit dem Gotischen Palast.

Kastilien und León
Wappen am Eingang zum Gotischen Palast.

Lichtschächte am Becken von María Padilla

Portikus des Gotischen Palastes
Der Entwurf von Sebastian van der Borcht aus dem 18. Jh. folgt den barocken Linien des kreuzförmigen Hofes.

Portal zum Apeadero und zum Jagdhof

GOTISCHER PALAST UND KREUZFÖRMIGER HOF | 085

Portal. Die Galerie führt in den Palast.

Gewölbesaal. Gotische Elemente aus dem 13. Jh.

Der kreuzförmige Hof

Als Zentrum des einst islamischen Palastes hat dieser Innenhof trotz vielfacher Umgestaltungen im Laufe der acht Jahrhunderte seiner Existenz sein ursprüngliches Aussehen bewahren können. Er besitzt eine quadratische Form, zwei der Wände zieren Portale. Zwei sich kreuzende gepflasterte Wege weisen auf die Form des Kreuzes hin, wodurch der Innenhof auch seinen Namen erhielt.

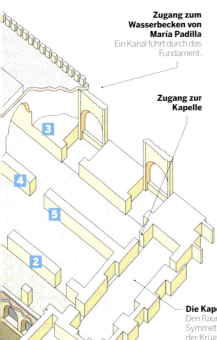

Zugang zum Wasserbecken von María Padilla
Ein Kanal führt durch das Fundament.

Zugang zur Kapelle

Skulptur am Portal
Ausschnitt aus dem Portal zum Gotischen Palast.

Kuppel des Gobelin-Salons
Die Kuppel über dem Dach aus dem 18. Jh. diente einst als Hochburg des Palastes. Durch sie dringt Licht in den Salon.

Die Kapelle
Den Raum mit der gleichen Symmetrie wie der Salon der Krüge (Sala de la Cantarera) zieren gotische Gewölbe und Kachelwände.

Erdgeschoss

Eisernes Kreuz

Wetterhahn

Der Gobelin-Salon
Der erste Raum des Gotischen Palastes wurde ganz und gar im barocken Stil gestaltet. Er war bei einem Erdbeben 1755 zerstört worden.

1760
WAR DAS JAHR der Reform des Kreuzhofes und des Gotischen Palastes nach dem Erdbeben von 1755.

Kreuzförmiger Hof

Angesichts der Schmucklosigkeit kann man sich nur schwer das Staunen vorstellen, das dieser Innenhof auslöste.

Giebel
Die Fassade war extrem nüchtern. Im 18. Jh. kamen diese kelchartigen Zierelemente hinzu.

Zwei Ebenen

Der kreuzförmige Hof, den die Almohaden Ende des 12. Jahrhunderts erbaut hatten, verfügte einst über zwei Ebenen. Oben kreuzten sich zwei Wege, vier weitere Wege verliefen an den Mauern des Innenhofes entlang. Die Galerien schmückten Gewölbedecken, die eine Stützfunktion für die Wege hatten. Ein Wasserbecken verlief parallel zur Galerie. Daneben erstreckten sich Gärten, in denen aromatische Pflanzen und Obstbäume wuchsen, deren Baumkronen genau die Höhe der Spaziergänger auf den Gehwegen erreichten. Das Erdbeben im Jahr 1755 zerstörte einen Großteil des Innenhofes, die zweite Ebene wurde daraufhin nicht wieder aufgebaut.

Das Portal des Innenhofes
Das Portal am Westflügel wurde im 18. Jh. im Barock-Stil errichtet. Es besitzt einen Türsturz und ein Giebeldach, das einen Balkon schmückt.

Untere Ebene — **Obere Ebene** — **Garten**

Schema des früheren Innenhofes

1755 WAR DAS JAHR

des Erdbebens von Lissabon. Sevilla, das sich 300 km vom Epizentrum entfernt befand, wurde in starke Mitleidenschaft gezogen.

Rundes Giebeldach
Das runde Dach steht im Kontrast zu der geraden bzw. dreieckigen Form der Giebel in Erdgeschoss und Dachgaube.

Der Boden. Die Wege im Innenhof wurden bepflastert. Die Steine wurden schräg aneinandergelegt, was das Bild von Kornähren ergibt.

DER KREUZFÖRMIGE HOF | 087

4
GÄRTEN
in vielerlei Ausgestaltung besaß der Innenhof in jedem Quadrant.

Das Archiv des Alcázar
In den Räumen im Nordflügel des kreuzförmigen Hofes befinden sich die Archive des Königlichen Alcázar.

950
QUADRATMETER
beträgt die Größe des kreuzförmigen Hofes ohne Galerien und das Becken von María Padilla.

1
Die Wasserbecken
Zehn kleine Gewölbegänge bedecken das Becken der unterirdischen Galerie.

2
Die Grotte
1578 entstand an der Westseite ein Wasserbecken mit einem Brunnen im Stil des Naturalismus.

3
Luft und Licht
Über Bodenöffnungen dringen Luft und Licht in das Becken.

Wasserbecken von María Padilla

Die Zerstörung der unteren Ebene durch das Erdbeben von 1755 führte zur Entstehung einer unterirdischen Galerie, die durch das antike Wasserbecken und die gotischen Gewölbe gebildet wurde, die Alfons X. zur Stützung der almohadischen Struktur des 13. Jh. hatte errichten lassen. Da die Geliebte von Peter I. diese Galerie besonders schätzte, erhielt sie die Bezeichnung "Wasserbecken von María Padilla". Man erreicht sie über einen Gang, der im Tanzgarten beginnt.

DATEN
NÜCHTERNE ELEMENTE

Im Gegensatz zu den dramatischen und fast szenenhaften Darstellungen in den barocken Bauten der Stadt fallen die Entwürfe von Sebastián van der Borcht durch ihre Nüchternheit auf.

Gewölbe-Saal

Das Hochzeitsbankett von Karl V. und Isabell von Portugal im Jahr 1526 hatte prägenden Einfluss auf diesen Saal.

Kragsteine
Bei der Restaurierung im 16. Jh. wurden die Säulen ausgetauscht.

Gotische Decken

Der Gewölbe-Saal, der seinen Namen aufgrund seiner gut erhaltenen gotischen Kreuzrippengewölbe erhielt, die Alfons X. hatte errichten lassen, ist der Bereich des Palastes, der sich zu den Gärten hin öffnet. Er ist einen Meter schmaler als der Gobelin-Salon. Ursprünglich befanden sich an den Decken Gewölbe, die von Säulen an den Wänden getragen wurden. Die umfassende Restaurierung des Gotischen Palastes während der Herrschaft von Philipp II. führte jedoch zu der Entfernung dieser Säulen. An deren Stelle entstanden Kragsteine. So verfügte man über freie Wände und Sockel, die man mit manieristischen Kacheln versah. Diese Elemente, die einen großen künstlerischen Wert besitzen, und auch die Fenster zum Garten durchbrechen die Nüchternheit des gotischen Bauwerkes.

Der Salon
Der längliche Raum schafft eine Verbindung zu den Gärten, der Kapelle und dem Krugsaal. Er führt ebenso zum Gobelin-Salon.

300 QUADRATMETER

beträgt die Fläche des Gewölbesaales zusammen mit dem Gang zum Garten.

Lampen
Vier Lampen beleuchten den Saal.

**DATEN
HOCHZEIT IM GOTIK-PALAST**

Die Gestaltung der Palasträume unter der Bezeichnung Salon von Karl V. geht auf die Hochzeit des Kaisers und Isabell von Portugal zurück, die 1526 im Gewölbesaal gefeiert wurde.

1577 WAR DAS JAHR

des Beginns der Umgestaltung des Gotischen Palastes, der während der Herrschaft von Alfons X. 300 Jahre zuvor errichtet worden war.

GOTISCHER PALAST · GEWÖLBE-SAAL | 089

3

Manierismus. Kragstein im Gewölbe-Saal.

4

Die Bodenfliesen
Lorbeerkronen wurden auf je vier Kacheln aufgemalt. Diese wurden mit weißem Marmor kombiniert.

LAGE

5

6

7

5 **6**

Allegorische Figuren
Die Kacheln zeigen mythologische Figuren, die das Denken (5) und die Vorstellungskraft, dargestellt durch Proteo (6), den griechischen Gott des Meeres, und Metra, die Tochter des griechischen Königs Eresicton symbolisieren.

7

Gang zum Teichgarten
Dieser wurde von 1576 bis 1577 erweitert und umgestaltet.

Die Kacheln

Die Kachelwände im Gewölbe-Saal, die der sizilianische Keramikkünstler Cristóbal de Augusta 1577 entworfen hatte, gelten als Hommage an Karl V., der 20 Jahre zuvor verstorben war, und an seine Gattin, Isabell von Portugal. Vor gelbem Hintergrund mischen sich Farben wie blau, weiß, grün und ocker und erinnern in ihrer Struktur und den naturalistischen Motiven und Abbildungen des Kaisers und der Kaiserin an Wandteppiche. Stuckverzierungen und Säulen mit heraldischen und mythologischen Motiven umgeben die Wände.

Gobelin-Salon und Kapelle

Der Gobelin-Salon verlor bei der Restaurierung die gotischen Elemente, die man in der Kapelle bewahren konnte.

Der Gobelin-Salon

Bis 1755 entsprach das Aussehen des Gobelin-Salons noch dem benachbarten Gewölbesaal: gotische Kreuzrippengewölbe und an den Wänden Kacheln im Stil der Renaissance. Nach dem Erdbeben von Lissabon jedoch wurde der Gobelin-Salon im Stil des Spätbarocks neu aufgebaut. Nun wurden Fajon-Bögen und Hängegewölbe anstelle der ursprünglichen Kreuzgewölbe angebracht. Um diesen Raum mit mehr Tageslicht zu versorgen, wurde zu dieser Zeit auch die Kuppel errichtet, die sich über die obere Terrasse erhebt und von außen sichtbar ist. Die Wände des Salons wurden mit Wandteppichen flämischer Künstler des 18. Jh. nach dem Muster der Originalteppiche des 16. Jh. verziert.

Der Salon
Sebastián van der Borcht entwarf die Hängegewölbe. Kragsteine tragen die Fächerbögen.

Die Lampe
Sie hängt von der Kuppel des Salons herab.

1982
WAR DAS JAHR der Feier zur Konstituierung des ersten andalusischen Parlamentes. Diese wurde im Gobelin-Salon des Alcázar begangen.

Die Wandteppiche. Die Stoffe, die in der Königlichen Stofffabrik von Madrid hergestellt wurden, zeigen Szenen des Siegeskampfes gegen Tunis.

GOTISCHER PALAST - GOBELIN-SALON UND KAPELLE | 093

1
Kastilien und León
Die Gewölbe im Gobelin-Salon zieren Wappen von Kastilien und León.

Die Engel der Kapelle
Elf kleine Büsten mit Engeln schmücken die Zierleiste des Bogens, der das Altarbild der Jungfrau umgibt.

3
Das Altarbild
Die Schnitzerei ist eine anonyme Nachbildung des Originals aus dem 17. Jh.

Kacheln
Abbildungen an den Wänden.

1577
WAR DAS JAHR
in dem Asensio de Maeda die Kragsteine und die Kacheln anbrachte.

Die Kapelle

Die Kapelle im Südflügel des Gotischen Palastes wurde 1271 von Alfons X. gestiftet. Obwohl die Kapelle wie auch der Gewölbe-Saal Ende des 16. Jh. restauriert wurden und man die Säulen durch manieristische Kragsteine austauschte und die Wände kachelte, sind die gotischen Decken noch gut erhalten. Die Kachelwände verweisen auf eine ähnliche Thematik wie die des Gewölbe-Saales - diesmal jedoch ohne heraldische oder symbolische Motive. Vorherrschendes Element der Kapelle ist ein hölzernes Altarbild aus dem 18. Jahrhundert mit der Darstellung der Jungfrau.

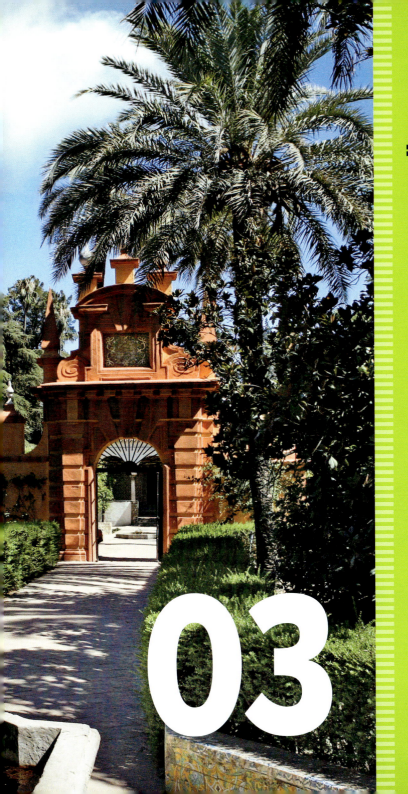

03
DIE GÄRTEN

Die Gärten des Königlichen Alcázar
Künstlerische Umgestaltung der islamischen Gärten

Die Gärten im Süd-Osten des Palastes besitzen eine Grundfläche, die viermal so groß ist wie die Fläche der Gebäude des Alcázar. Sie bestanden ursprünglich aus Obst- und Gemüsegärten, die sich zum Großteil innerhalb der Ummauerung des almohadischen Palastes des 12. Jahrhunderts befanden. Nach einer fast tausendjährigen Entwicklung gehören sie zu den schönsten Gartenanlagen Europas.

Mit allen fünf Sinnen

Die Gartenanlagen nahmen ihren Ursprung im Nutzgarten östlich des Palastes, wo die Araber Obst anbauten. Dieses Volk, das die Erde als trockenes Gut kannte, wandelte die Gärten in einen Ort der Sinnesfreuden um: Hier ließen sie Früchte und Gemüse wachsen und gingen ihrer großen Vorliebe für Blumen und aromatische Pflanzen nach, die sie in allen Farben und Duftnoten aufzogen. Das Wasser nutzten sie über den eigentlichen Zweck hinaus als Ort der Besinnung, wobei das Plätschern der Brunnen für Entspannung sorgte. Fenster und Balkons wurden zu den Gärten hin ausgerichtet, denn der Koran beschreibt den Garten als Paradies.

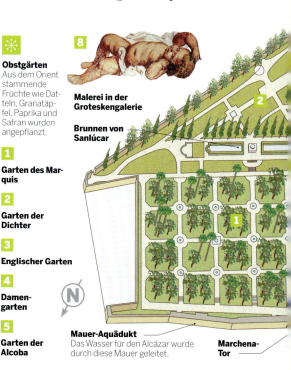

Obstgärten
Aus dem Orient stammende Früchte wie Datteln, Granatäpfel, Paprika und Safran wurden angepflanzt.

1 **Garten des Marquis**

2 **Garten der Dichter**

3 **Englischer Garten**

4 **Damengarten**

5 **Garten der Alcoba**

8 **Malerei in der Groteskengalerie**

Brunnen von Sanlúcar

Mauer-Aquädukt
Das Wasser für den Alcázar wurde durch diese Mauer geleitet.

Marchena-Tor

DATEN
MARCHENA-TOR

Heraldische Motive
Das Portal des Palastes der Herzöge von Arcos (A), das im Jahr 1913 von Marchena aus zum Alcázar gebracht wurde, ist ein gotisches Bauwerk aus dem 15. Jh. Auffällig sind die heraldischen Motive wie der Adler (B) und der Löwe (C).

ÜBERBLICK | 097

12 Innenhof des Chorrón
Blumentopf im kleinen Gärtchen nördlich des Alcázar, nahe des Marchena-Tores.

4 Damengarten. Hecken in geometrischen Formen.

Almohadischer Turm
Er befindet sich am Ende der Mauer des 12. Jh.

11 Historische Gärten
Gelegen am Palast von Peter I. und am Gotischen Palast.

Pavillon von Karl V.

7 Merkur-Teich
Hier wurde das Wasser für den Hausgebrauch gesammelt. Es wurde von den Caños de Carmona, einem römischen Aquädukt, zugeführt.

6 Kreuzförmiger Garten
Hier verschwand 1910 ein Labyrinth.

9 Innenhof von Alcubilla
Hinter dem modernen Bogengang an einer der Galerien befinden sich noch einige antike mudejarische Bögen.

Waffen von Philipp V.
Wappen aus Keramik im Innenhof von Alcubilla.

Der Garten als Kunstobjekt

Seit der Eroberung durch die Christen wurden die Gärten immer wieder umgestaltet. So verdeutlichen diese Veränderungen von Natur und Architektur auch die Entwicklung der Kunst: vom schlichten Manierismus des Italieners Vermondo Resta zu Beginn des 17. Jh. über den romantischen Naturalismus und den Historizismus bis hin zur englischen Gartenanlage.

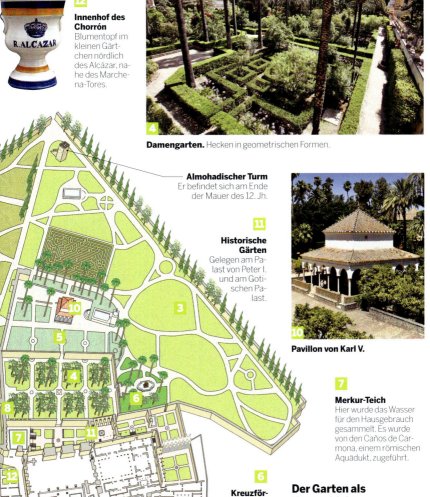

Historische Gärten

Neben dem Palast von Peter I. und dem Gotischen Palast befinden sich die ältesten Gärten des Alcázar.

Kastilien
Der Bogen, der die Gärten von Troja mit den Blumengärten verbindet, trägt das Symbol der kastilischen Krone.

Aufgliederung der Gärten

Die sogenannten historischen Gärten umfassen den Bereich der Ost- und Südfassade der Paläste von Peter I. und Alfons X. Hier nahmen die Gärten des Alcázar ihren Ursprung. Obwohl all diese Gärten von den Arabern angelegt wurden, stehen sie in keinem innerem Zusammenhang, was ihre Flora oder Architektur betrifft. Was sie jedoch eint, ist ihr andalusischer Ursprung und die Aufteilung, die der Mailänder Architekt Vermondo Resta zu Beginn des 17. Jh. während der Herrschaft von Philipp III. vornahm. Diese Reform im manieristischen Stil schuf eine Unterteilung der Gärten in einzelne Abschnitte und versah sie mit mythologischen Motiven, die sich heute in den Namen widerspiegeln.

 DATEN GALERA-GARTEN

Hommage an den Dichterkönig Al-Mutamid
Im Galera-Garten steht diese Marmorsäule, die dem Dichterkönig des 11. Jh. gewidmet ist. Er starb in der Verbannung in Marrokko und kam so nicht mehr zurück.

1 Prinzen-Garten
Eine Galerie im Renaissance-Stil des 16. Jh. führt zum Palast von Peter I.

2 Blumen-Garten
Hier befinden sich ein Brunnen aus dem 17. Jh. und eine Büste von Karl V.

3 Galera-Garten
Ursprünglich befand sich hier die Skulptur eines Holzbootes, aus dem Wasser strömte.

4 Garten von Troja
Die Mitte des Brunnens aus dem 10. Jh. zieren Löwenköpfe, die Wassser ausspucken.

5 Tanz-garten
Er führt zu dem Wasserbecken von María Padilla, das sich unterhalb des kreuzförmigen Innenhofes befindet.

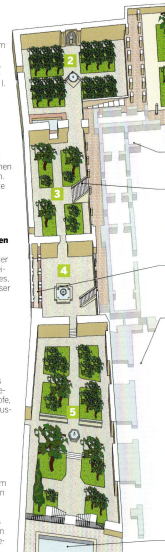

- **Palast des Königs Peter I.**
- **Durchgang zu den Kinderzimmern** — Eine Pergola im Renaissance-Stil führte zu den Zimmern.
- **Rustikale Galerie** — Verputz und gemeißelter Stein
- **Gotik-Palast**

3400 QUADRATMETER
beträgt die etwaige Fläche der sechs historischen Gärten.

1570
WAR DAS JAHR in dem man begann, die Alcoba-Gärten in kleinere Gartenabschnitte einzuteilen.

- **Teichgarten**

HISTORISCHE GÄRTEN | 099

6
GÄRTEN
kleinerer Größe machen die Gesamtheit der historischen Gärten des Alcázar von Sevilla aus.

Blumengarten
Der kleine Teich in diesem Garten ist mit flachen Keramikfliesen bekleidet, auf denen Motive aus der Tierwelt erscheinen.

LAGE

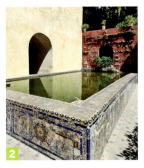

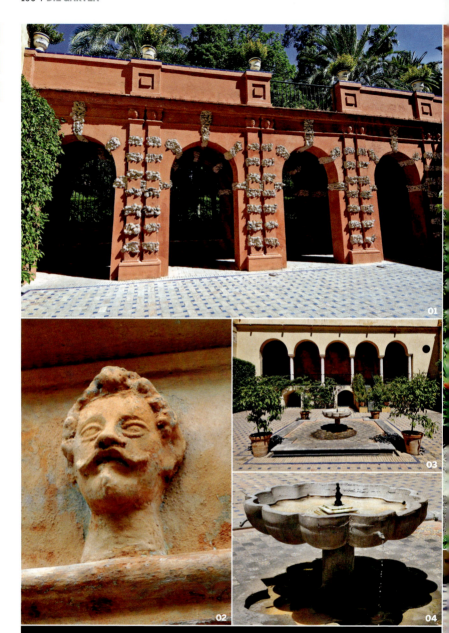

01 bis 04. Garten von Troja. Der Architekt Vermondo Resta spielte hier mit dem Gegensatz naturbelassener Säulen und einer perfekt verputzten Mauer. Dieses manieristische Spiel mit den Kontrasten wurde später auch in der Groteskengalerie angewandt. **05 bis 08. Tanzgarten.** Er unterteilt sich in zwei Ebenen: Die erste Ebene wird durch zwei Säulen mit Skulpturen mythologischer Tänzer gebildet - was dem Garten auch seinen Namen verleiht; der zweite und tiefer liegende Bereich besteht aus einem Weg, den Bänke zieren. Aus kleinen Öffnungen im Boden strömt Wasser. Der Brunnen in der Mitte des Weges stammt aus dem 16. Jahrhundert.

Teichgarten

Das Wasserbecken und die almohadische Mauer wurden umgewandelt in einen besinnlichen Ort der Muße.

Das Geländer am Teich
Der Sockel aus dem 16. Jh. wurde mit heraldischen Löwenfiguren und Delfinen verziert.

Die antike Zisterne des Palastes

Das Wasserbecken östlich des Gotischen Palastes, das dem Garten seinen Namen verleiht, war ursprünglich ein einfaches Reservoir, das das Wasser aus dem römischen Aquädukt von Carmona für die Versorgung des Palastes und der Stadt aufnahm. 1575 verlor die Zisterne ihre Funktion und wurde in einen Zierteich umgewandelt. Gleichzeitig wurde der bronzene Brunnen mit der Merkur-Figur angefertigt. 1612 entwarf der Italiener Vermondo Resta an der Westseite des Teiches eine Galerie mit Flachbögen.

Schild über dem Teich
Der Historiker José Gestoso, der viele Kachelwände für den Alcázar entwarf, gestaltete Ende des 19. Jh. auch dieses königliche Wappen.

 Der Teich
Früher wurde hier das Wasser gesammelt, das über Leitungen in der Mauer zusammen mit dem berühmten "Callejon del Agua" in den Teich lief.

 Stab mit Schlangen
Das Symbol für Merkur.

 Geflügelte Sandalen

Geflügelter Helm

Skulptur aus Bronze

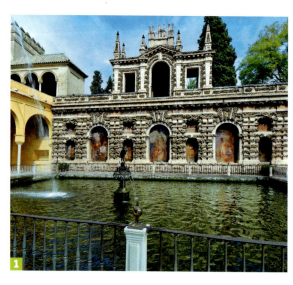

Die Malereien
Die mythologischen Fresken auf den ersten Bögen der Galerie wurden zu Beginn des 17. Jh. bemalt und im 20. Jh. restauriert.

LAGE

Merkur
Der Gott des Handels steht für den Reichtum der Stadt als Handelshafen.

1912
WAR DAS JAHR
in dem das römische Aquädukt, die Caños de Carmona, abgerissen wurde.

Giebel
Abschluss des Bogens auf der oberen Ebene der Groteskengalerie.

Die Groteskengalerie

Am Teichgarten beginnt eine Mauer, die einst die Almohaden im 12. Jahrhundert erbaut und die Vermondo Resta von 1612 bis 1621 in die Groteskengalerie – ein Bauwerk aus glatten und rustikalen Säulen im manieristischen Stil – umgewandelt hatte. Die Galerie beginnt am Teich mit abgeflachten Blindbögen, deren Fries mit Malereien versehen ist, und führt in Form eines Bogengangs am Damengarten, am Garten der Alcoba und gegenüber entlang des Gartens des Marquis und des Dichtergartens vorbei.

160
METER
beträgt die Gesamtlänge der Groteskengalerie ausgehend von der nördlichen Mauer des Teichgartens bis zur äußersten Ecke des Gartens der Alcoba.

Die Galerie
Nach den ersten Blindbögen öffnet sich die Galerie beidseitig zu den Gärten: Im Westen zum Damengarten, im Osten zum Garten des Marquis.

Rechtwinkliger Abschluss
Die Groteskengalerie endet an einem kurzen rechtwinkligen Abschnitt am Ende des Gartens der Alcoba.

Rustikales Aussehen
Vermondo Resta verwendete Naturstein, den er nicht behandelte. Diese Art der Bearbeitung war in der manieristischen Architektur der damaligen Zeit üblich.

Damengarten

Aufgrund seiner eindrucksvollen Größe gilt der Garten als bedeutendstes Erbe des Architekten Vermondo Resta.

Fische am Neptunbrunnen

Rückzug ins Private

Gegen Ende des 16. Jh. befand sich der Damengarten noch im Bereich der Obstgärten an den historischen Gärten in Palastnähe und belegte damit nur einen kleinen Ausschnitt von dem, was ihn heute ausmacht. Aufgrund seiner Lage konnten die Besucher der Obstgärten die Palastbewohner an den Fenstern und in den Gärten des Alcázar sehen und sogar hören. Um die Privatsphäre der Königsfamilie zu erhöhen, wurde Vermondo Resta mit einer entsprechenden Erweiterung des Damengartens beauftragt, was dazu führte, dass sich die Bewohner nun freier bewegen konnte, ohne beobachtet zu werden.

1606
WAR DAS JAHR in dem Vermondo Resta den Auftrag für die Erweiterung des Damen-Gartens erhielt.

<<< **Neptun**
Auf dem ausladenden Brunnen an der Hauptachse des Damengartens befindet sich eine Skulptur des Gottes Neptun. Die in Genua gefertigte Figur erinnert an den großen Steinmetz der Renaissance, Giovanni da Bologna.

Zaun. Dieser umgibt den Garten der Alcoba an der Stelle, wo sich einst der islamische Garten befand.

Tor. Das Tor gegenüber dem Zugang zum Wasserbecken von María Padilla führt zum Tanzgarten.

Dreizack

DAMENGARTEN | 105

Brunnen
Außer dem monumentalen Neptunbrunnen gibt es im Damengarten noch weitere Brunnen, die Figuren zieren.

Mauer-Abschluss
Vermondo Resta verzierte die Türen, Mauern und Zäune des Gartens mit Giebeln im Stil des Manierismus.

LAGE

8
QUADRATE
mit Hecken aus Arrayan, ein Gewächs, das auch Myrte genannt wird.

4000
QUADRAT-METER
ist die Größe des Damen-Gartens, der zwischen den historischen Gärten und der Alcoba liegt.

Der Garten
Die "Damen", die dem Garten den Namen verliehen, sind die Göttinnen Hera, Atenea, Aphrodite und Helena, deren Skulpturen einst den Fama-Brunnen zierten.

Mythologie

Vermondo Resta nutzte die Vergrößerung des Gartens, um ihn von Grund auf umzuwandeln. Der aus Mailand stammende Architekt entwarf einen geschlossenen Park, dessen rechteckige Form er in acht Quadrate, bestehend aus Hecken, unterteilte. Ein zentraler Weg führte durch diesen Park, an dem sich zahlreiche Brunnen, Bänke und Wasserspiele befanden. In Anlehnung an die Mythologie, die ein zentrales Element im Werk des Architekten war, schmückte er den monumentalsten Brunnen des Gartens mit der Figur des Neptun. An vier Stellen der Mauer befinden sich naturalistische Grotten, an denen Skulpturen stehen, die helenistische Themen repräsentieren.

DATEN
FAMA-BRUNNEN

Wasserorgel
Vermondo Resta entwarf einen monumentalen Brunnen an der Gartenseite der Groteskengalerie. Am Brunnen sieht man Karyatiden (1) und eine Hermes-Statue (2). Ein Mechanismus lässt das Wasser wie Orgelpfeifen ertönen. Der Brunnen erhielt den Namen der oberen Figur (3).

Garten der Alcoba

Der einstige Pavillon von Karl V. gilt als das Schmuckstück des antiken islamischen Obstgartens.

Löwen-Brunnen
Fünf gemeißelte Köpfe spucken Wasserstrahlen in den Teich, der sich gegenüber vom Löwen-Pavillon befindet.

Der Pavillon von Karl V.
Das älteste Gebäude der Gärten ist der Pavillon mit der Bezeichnung Karl V. oder Alcoba, der einst als als Qubba oder islamisches Oratorium angelegt wurde. Dieser Bau wurde von 1543 bis 1546 restauriert und in eine Oase der Ruhe umgewandelt, die Karl V. in den letzten Jahren seiner Herrschaft genoss. Der Pavillon hat einen kubischen Aufbau mit Bögengängen und ein Walmdach. Seine Ästhetik wird bestimmt durch die Kombination islamischer, mudejarischer und platereskter Elementen, die ein harmonisches Zusammenspiel ergeben. Besonders schmuckvoll sind der Kachelboden mit den geometrischen Formen sowie der Brunnen, der Ruhe und Frische spendet, die hohen Kachelmauern mit den Blumenmotiven und das hölzerne Deckengetäfel.

Pavillon von Karl V.
Die Wände wurden mit Kacheln aus Triana und mit Gipsarbeiten versehen. Im Inneren herrscht der plateresk Stil vor, außen der Mudejar-Stil.

4100 QUADRATMETER
umfasst die Größe des Gartens der Alcoba im Zentrum des Alcázar.

Tor des Privilegiums
Die Gestaltung dieses Tores unternahm der italienische Architekt Vignola, der Vater des Manierismus.

DATEN
LÖWEN-PAVILLON

Kacheln an der Kuppel
Südlich des Pavillons und gegenüber des Teiches (1) wurde 1645 ein weiterer Pavillon erbaut, der wegen seiner Skulptur (3) "Löwen-Pavillon" heißt. Der Pavillon ist mit Fresken verziert. Ihn krönt eine Kuppel, unter der sich ein Brunnen befindet (2).

1

2

3

GARTEN DER ALCOBA | 107

Die Säulen des Pavillons Karl V.
Die von Künstlern aus Genua gefertigten Marmorsäulen fügen sich an Kachelbänke an.

Tor zum Damengarten
Dieser manieristische Flachbogen führt im Westen zum Garten der Alcoba.

LAGE

1991
WAR DAS JAHR
der Restaurierung des Löwen-Pavillons. Drei neue Fresken zierten von nun an die Mauern.

Überblick
Palmen aus dem 19. Jh. beherrschen das Bild.

Das Tor des Privilegiums
An der Ostseite des Gartens grenzt der Garten an die Groteskengalerie. In dieser Mauer befindet sich das Tor des Privilegiums, das Vermondo Resta entworfen hatte. Es besteht aus drei Flachbögen und führt zu den Neuen Gärten. Der Stil des Tores entspringt dem Manierismus des Italieners Vignola.

Garten des Marquis

Das Grundstück im Osten der Groteskengalerie war einer der letzten Bereiche, die umgestaltet wurden.

Blumentöpfe aus Keramik
Diese zieren einige Sockel des Gartens.

Der sevillanische Garten

Die östliche Hälfte der Gärten des Alcázar wird von den sogenannten Neuen Gärten belegt, die durch den Königlichen Weg, der durch das Portal des Campo aus dem Palast hinausführt, in zwei Bereiche unterteilt wird. Im Norden des Weges wurde dort, wo sich einst der antike Obstgarten befunden hatte, zwischen 1913 und 1917 der Garten des Marquis angelegt. Als einer der größten Gärten des Palastes ist er viermal so groß wie der Damengarten, der sich hinter der Groteskengalerie befindet. In seiner Ausgestaltung entspricht er durch die Kombination von manieristischen und andalusischen Elementen dem sevillanischen Garten des 20. Jahrhunderts. Beispielhaft sind die kleinen Kanäle zwischen den Brunnen oder die Bänke und Geländer aus Kacheln.

1,6 HEKTAR beträgt die Fläche des Gartens des Marquis im Osten des Palastes von König Peter V.

1 Alfons XIII.
Wappen mit dem Anfangsbuchstaben des Königs auf Lilien - dem Symbol der Bourbonen.

2 Brunnen
An den Wegekreuzungen der einzelnen Quadrate entstanden Plätze mit Brunnen in der Mitte.

3 Perspektiven
Die überdimensionale Garten lässt verschiedene Blickwinkel auf die Hecken und Zypressen zu.

4 Brunnen und Kanal
Der naturalistischer Brunnen und der Kanal wurden mit geometrisch geformten Kacheln versehen.

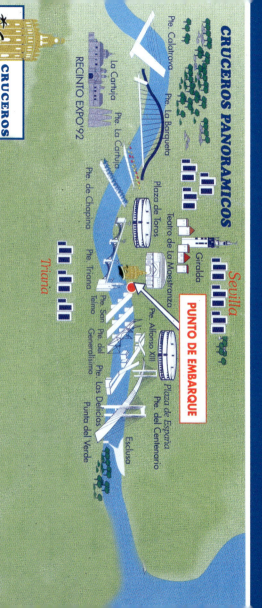

PRECIO: 16,00 €
S.O.V. e I.V.A. incluidos

CRUCEROS TORRE DEL ORO

C.I.F. B-41636200

Tlf.: 954 561 692
954 211 396

Crucero de 1 hora de duración por la Dársena del río Guadalquivir

OTROS SERVICIOS

CRUCEROS A SANLÚCAR DE BARRAMEDA, COMUNIONES, BODAS, BAUTIZOS, REUNIONES EMPRESA, LUNCH, BUFFETES, COMIDAS.

PRECIO: 16,00 €
S.O.V. e I.V.A. incluidos

CRUCEROS TORRE DEL ORO

C.I.F. B-41636200

Tlf.: 954 561 692
954 211 396

Crucero de 1 hora de duración por la Dársena del río Guadalquivir

OTROS SERVICIOS

CRUCEROS A SANLÚCAR DE BARRAMEDA, COMUNIONES, BODAS, BAUTIZOS, REUNIONES EMPRESA, LUNCH, BUFFETES, COMIDAS.

GARTEN DES MARQUIS | 109

Wappen im Boden
Ein Kreuz mit den Symbolen von Kastilien und León ziert die Fliesen am Boden.

Die Brunnen
Wasserspeier in verschiedenen Formen befinden sich an den Parkwegen. Einige von ihnen sind miteinander verbunden.

LAGE

3

4

01 bis 04. Garten der Dichter. Dieser Teil der Neuen Gärten gehört zu den neueren Gartenanlagen (1956-1958). Sein Konzept entstammt dem sevillanischen Park. Es umfasst zwei große mit Hecken umgebene Becken. **05. Almohadischer Turm, Englischer Garten.** Im 12. Jh. war er neben dem Pavillon von Karl V. der älteste Bereich und das Schmuckstück der Gärten. Die Mauer wurde später in die Groteskengalerie umgewandelt. **06. Labyrinth.** Aus Hecken aus dem Jahr 1914 als Nachahmung des antiken Labyrinthes, das vier Jahre zuvor bei der Neugestaltung des Gartens des Kreuzes verschwand. **07. Garten des Kreuzes.** Hier befindet sich der Monte Parnaso, eine naturalistische Grotte mit einer Nymphen-Skulptur.

BILDBAND DES KÖNIGLICHEN ALCÁZAR VON SEVILLA

AUFLAGE
© DOS DE ARTE EDICIONES, S.L., BARCELONA, 2010.

TEXTE
GESCHÄFTSFÜHRER:
CARLOS GIORDANO UND NICOLÁS PALMISANO.
REDAKTION: RICARD REGÀS.
ÜBERSETZUNG: ANTJE BETSCHER.
© DOS DE ARTE EDICIONES, S.L., BARCELONA, 2010.

FOTOGRAFIEN
AUTOREN: CARLOS GIORDANO UND NICOLÁS PALMISANO.
© DOS DE ARTE EDICIONES, S.L., BARCELONA, 2010.

ABBILDUNGEN
AUTOREN: CARLOS GIORDANO UND NICOLÁS PALMISANO.
© DOS DE ARTE EDICIONES, S.L., BARCELONA, 2010.

MIT DEN FOLGENDEN AUSNAHMEN:
- SEITE 14. MALEREI: BLICK AUF SEVILLA VON ALFONSO SÁNCHEZ COELLO. MUSEUM VON AMERIKA.
- SEITEN: 004, 008, 009, 010, 013, 015, 016, 027, 033, 036, 041, UND 083. ALLES PORTRAITS AUSSER SEITE 004.
  AUTOR: ENRIQUE TORTOSA DEL TORO.
© DOS DE ARTE EDICIONES, S.L., BARCELONA, 2010.
- SEITEN: 008 (PLAN), 009 (PLAN), 010 (PLAN + WEISER KÖNIG9, 011 (EROBERUNG), 013 (CHRONOLOGIE), 014 (PLAN UND BOOT), 015 (WAPPEN UND CHRONOLOGIE), 017 (BUCH UND ISABELL II.) UND 036 (DATEN).
  AUTOR: GABRIEL OREGIONI - COMPAÑÍA GRÁFICA.
© DOS DE ARTE EDICIONES, S.L., BARCELONA, 2010.
- SEITE 036. MALEREI VON ALEJO FERNÁNDEZ.
- SEITE 082. WANDTEPPICH VON GUILLERMO PANNEMAKER.

DANKSAGUNG
MANUEL HURTADO - REAL ALCÁZAR DE SEVILLA.

ZWEITENS AUSGABE 2010

ISBN
978-84-96783-54-6

DEPÓSITO LEGAL
B-27.521-09

PRINTED IN SPAIN

www.dosdearte.com
info@dosdearte.com

DIESES BUCHES DARF WEDER ALS GANZES NOCH AUSZUGSWEISE OHNE DIE VORHERIGE AUSDRÜCKLICHE SCHRIFTLICHE EINWILLIGUNG DER INHABER DES COPYRIGHTS IN IRGENDEINER FORM (AUCH REPROGRAPHIE UND UNTER VERWENDUNG ELEKTRONISCHER SYSTEME) NACHGEDRUCKT WERDEN. ALLE RECHTE VORBEHALTEN IN ALLEN LÄNDERN. IM FALL VON FOTOS ODER BILDERN, DIE NICHT NAMENTLICH GEKENNZEICHNET WURDEN, KÖNNEN SICH DIE RECHTLICHEN EIGENTÜMER DIESER FOTOS AN DEN HERAUSGEBER WENDEN.

DIE TEXTE DIESES BUCHES WURDEN
ERSTELLT UNTER MITARBEIT VON:

R.A.
PATRONATO DEL REAL ALCÁZAR DE SEVILLA

DIESES BUCH ENTHÄLT VERTRAULICHE DATEN, DIE VOM PATRONAT DES KÖNIGLICHEN ALCÁZAR VON SEVILLA ÜBERLASSEN WURDEN.